シードブック

三訂 保育者論

榎田二三子・大沼良子・増田時枝　編著

石井　雅・小倉常明・木村英美・小泉裕子・竹石聖子・塚田幸子
永倉みゆき・浜口順子・嶺村法子・室久智雄・矢田美樹子・渡辺佳子　共著

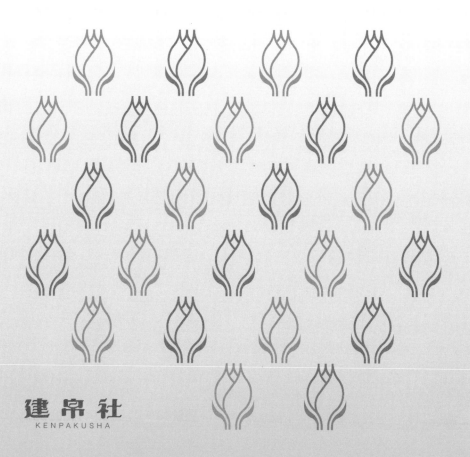

建帛社
KENPAKUSHA

はしがき

　保育者になりたいと希望に胸をふくらませて養成校に入学した皆さんは，今どのような思いをいだいているのでしょうか。

　本書は，これから保育者になろうとする人達が，保育の場で実際に働いている保育者像をイメージしやすいように，先輩保育者からのメッセージを出発点として，保育における子どもとのかかわりで大切にしていること，子ども達の豊かな生活環境をつくること，保護者や小学校・他の専門職との連携，現場で働く保育者の仕事内容，法令で定められた責務，社会の変化に対応して求められる保育者の役割や期待されることなど，具体的な記述を通して伝えようと，編者・執筆者一同，討議を重ねて編まれています。

　養成校で学んだのち，保育者として子どもと生活をともにすることになる皆さんは，在学中に勉強したことを，幼稚園実習や保育所実習の場で実際の保育とつなげ，保育する心と実践力をそれなりに身につけられることでしょう。しかし実際の保育の場は多様で，いろいろな事柄が混在しています。保育をすることだけではなく，保護者への対応や支援，小学校教育や地域とのつながり，特別なニーズをもつ子どもへの援助など，保育者に求められる働きは多岐にわたります。そのときどきに，保育者は精一杯対応していきますが，その保育者の毎日の働きがどのような意味をもっているのか，いったい何がどのような理由で求められているのか，そこで尊重していくべきことは何であるのか，そして保育者に何が期待されているのか，考えなければならないことはたくさんあります。学生であるときに，このようなことについて整理し，一つ一つ丁寧に考え学んでください。

　本書では，保育者として「こういう能力が必要ですよ」と直接的には書かれていません。皆さん自身が，各章の内容から，求められる心構えや知識，考え

方，方法をつかみ，自分自身を見つめ，さらに自分の課題を見いだして，自身の保育者像（保育観）を描けるようにしてほしいとの意図からなのです。それが，実践しつつ学ぶ保育者として成長していくために，もち続けたい基本的な姿勢だからです。

　本書を教科書としてだけではなく，保育者になってからも折に触れて開いていただき，保育の一助となるように役立てていただけることを願っています。

三訂版にあたって

　2011年に入学の学生から適用された保育士養成課程において「保育者論」が必修科目として設けられ，学習内容が示されました。これを受け，本書においても，教職課程における教師論，教職論のみならず，保育士養成課程で必修になった意味を精査し，2011年9月に改訂版を発行しました。

　2015年4月には「子ども・子育て支援新制度」が本格スタートし，本書においても関連する記述を改め，改訂第2版を発行しました。

　また，2017年3月，幼稚園教育要領，保育所保育指針，幼保連携型認定こども園教育・保育要領が改められたのに伴い，改訂第3版を発行しました。

　そして2019年度より新しい教職課程・保育士養成課程が実施されることに伴い，科目の内容も改められたため，本書においても再び改訂を行い，ここに三訂版を刊行した次第です。

　本書を手がかりにして学びながら，いつの時代にも変わらず大切にすること，社会の変化に応じて求められること，そして保育者としてあるべき姿について考え，子ども達の未来につなげていってくださることを期待しています。

　2019年2月

編者　榎田二三子
大沼　良子
増田　時枝

も く じ

第1章　保育者になるということ……………………………… 1
1.「育てられる人」から「育てる人」へ…………………………… 1
　（1）保育者を目指したきっかけ　*2*
　（2）学校生活（授業，ピアノ，実習等）　*2*
　（3）就職について　*5*
　（4）新任時代から現在まで　*6*
　（5）これから保育者を目指す人達へ　*7*
2．やってみよう，感じてみよう，考えてみよう………………… *7*
　（1）育てられる者から育てる者への視点の転換を　*7*
　（2）ワークの流れ　*8*

第2章　保育の本質………………………………………………… 16
1．保育とは何か……………………………………………………… 16
　（1）幼い子どもを「いとおしい」と思うこと　*16*
　（2）子どもの「生活」を基盤とすること　*17*
　（3）「遊び」を生活とのつながりで捉えること　*20*
　（4）生活と自然をつなぐこと　*22*
　（5）養護と教育の一体的展開　*25*
2．保育者の子ども観・保育観……………………………………… *25*
　（1）子ども観・保育観はつくられる　*25*
　（2）子どもの「一人一人」とかかわること　*28*
　（3）保育者の主体性と省察　*29*

第3章　保育実践と保育者……………………………………………… *31*

1．幼稚園における子どもとのかかわり………………………………*31*

（1）担任保育者として子どもと出会うとき　*31*

（2）保育者がともに遊ぶとき　*35*　（3）保育者へのメッセージ　*40*

2．保育所における子どもとのかかわり………………………………*44*

（1）担任・担当保育者として子どもと出会うとき　*44*

（2）保育者がともに遊ぶとき　*47*

（3）子どもとともに生活する一人の人間として　*50*

3．幼保連携型認定こども園における子どもと保育者 ………………*52*

第4章　豊かな環境をつくる保育者……………………………………… *54*

1．環境と保育……………………………………………………………*54*

（1）「環境を通しての保育」の意味　*54*

（2）保育の「環境」とは何か　*55*

2．子どもの生活を支える環境…………………………………………*58*

（1）安心感があること　*58*　（2）親近感があること　*60*

（3）自由があること　*62*　（4）満足感や達成感が得られること　*62*

3．環境の再構成と活動の展開・発展…………………………………*64*

（1）経験の発現から発展・展開にいたる保育者の援助　*64*

（2）子どもの知的好奇心や探究心を刺激する環境の再構成　*67*

4．豊かな環境をつくるために…………………………………………*68*

（1）多角的に子どもの実態を捉えること　*69*

（2）環境に対する理解を深めること　*70*

（3）子どもとともに創っていくこと　*71*

5．保育の展開と評価……………………………………………………*72*

（1）教育課程・全体的な計画に基づく保育の展開　*72*

（2）保育記録と自己評価　*73*　（3）保育カンファレンスによる評価　*75*

第5章　保育者の協働 ································· 77

1．求められる保護者支援 ································· 77
　（1）今, なぜ子育て支援が必要なのか　*77*　（2）親と子がともに育つ　*80*
　（3）さまざまな子育て支援の実施　*81*

2．保護者との協働の実際──子育てのパートナーシップとして ········· 82
　（1）子育て相談　*82*　　（2）情報の提供　*82*
　（3）親子参加型の事業　*83*　（4）預かり保育　*84*

3．地域に開かれた保育──子育てコミュニティーの中核として ········· 86
　（1）園庭開放　*86*　（2）未就園児の親子登園　*86*
　（3）一時預かりや子育て支援センター　*87*
　（4）地域の人の招き入れ　*87*　（5）地域の行事への参加　*88*
　（6）教育, 福祉, 医療機関との連携　*88*

4．専門職間の連携・協働 ································· 89
　（1）保育者間の連携・協働　*89*
　（2）保育者以外の専門職との連携・協働　*89*

5．専門機関との連携・協働 ································· 90

6．地域型保育事業における連携 ································· 92
　（1）地域型保育事業の保育者　*92*
　（2）地域型保育事業と保育所等との連携　*92*

第6章　小学校の先生と連携する保育者 ················· 94

1．幼稚園・保育所等から小学校への段差とは ······················· 95
　（1）なんでこうなるの？──小学校でのとまどい　*95*
　（2）生かされた経験・生かされなかった経験──段差を越える力とは　*98*
　（3）「接続期」という捉え方──段差をどう生かすか　*99*

2．子ども達の交流活動 ································· 100
　（1）一人ひとりが見える交流を　*100*

（2）交流から何が生まれるか　*101*

　　（3）連携を進める交流の視点とは　*102*

　3．大人達の連携……………………………………………………………… *102*

　　（1）連携のさまざまな形　*102*

　　（2）見守る大人達のつながり　*104*

　　（3）接続モデルカリキュラム　*105*

第7章　学び，成長する保育者……………………………………… *106*

　1．保育者になるための学び……………………………………………… *106*

　　（1）学生時代の学びとその意義──豊かな人間性を育むチャンス　*106*

　　（2）保育者に必要な資質・技能・知識を獲得する時期　*107*

　　（3）「保育者としての学び」の実践　*111*

　2．専門性・資質向上の取り組み………………………………………… *112*

　　（1）制度のなかでの専門性向上のための学び　*113*

　　（2）保育者としての専門性向上──保育実践のなかでの学び　*115*

　　（3）保育者集団の質の向上のための取り組み　*116*

　　（4）組織とリーダーシップ　*118*

　3．学び続ける保育者……………………………………………………… *118*

第8章　保育者のキャリア形成と生涯発達………………………*120*

　1．幼稚園における保育者………………………………………………… *120*

　　（1）保育者の1日　*121*　（2）保育者の1か月　*125*

　　（3）1年間を見通しての仕事　*129*

　　（4）幼稚園における保育者のライフコース　*131*

　2．保育所における保育者………………………………………………… *132*

　　（1）保育者の1日　*133*　（2）保育者の1か月　*136*

　　（3）1年間を見通しての仕事　*139*

　　（4）保育所における保育者のライフコース　*141*

3．幼保連携型認定こども園における保育者……………………………… *142*
　　（1）保育者の1日と職員間の連携について　*142*
　　（2）今年度の行事・園務分掌　*143*　　（3）勤務の形態　*143*
　4．児童福祉施設における保育者…………………………………………… *144*
　　（1）児童福祉施設について　*144*　　（2）乳　児　院　*145*
　　（3）児童養護施設　*147*　　　　　　（4）障害児入所施設　*150*
　　（5）その他の児童福祉施設での保育士の役割　*151*

第9章　法令で定められた保育者の責務と制度的位置づけ……………*153*
　1．法令と保育者……………………………………………………………… *153*
　2．教育・保育の基本に関する法令………………………………………… *154*
　　（1）児童の権利に関する条約　*154*　　（2）教育基本法　*154*
　3．免許状・資格に関する法令……………………………………………… *156*
　　（1）教育職員免許法（幼稚園教諭）　*156*　　（2）児童福祉法（保育士）　*157*
　　（3）認定こども園に関する法令　*158*
　4．幼稚園教諭・保育士・保育教諭の職責に関する法令………………… *159*
　　（1）学校教育法　*159*　　（2）児童福祉法　*159*
　　（3）就学前の子どもに関する教育，保育等の総合的な提供の推進に関する法律
　　　　（2017（平成29）年改正「新認定こども園法」）　*159*
　　（4）地方公務員法（服務と身分保障，分限と懲戒）　*159*
　　（5）教育公務員特例法（研修義務，身分保障）　*160*
　5．保健・安全に関する法令と保育者……………………………………… *161*
　　（1）学校保健安全法　*161*
　　（2）児童福祉施設の設備及び運営に関する基準・保育所保育指針　*161*
　　（3）児童虐待の防止等に関する法律　*162*
　6．保育事故と保育者の法的責任に関する法令…………………………… *162*
　　（1）刑法と業務上過失致死罪　*162*

（2）民法と保育者の安全注意義務　*163*

　　（3）国家賠償法　*165*

第10章　歴史から学ぶ保育者のあり方 …………………………… *167*

1．保育者の誕生期………………………………………………………… *167*

　　（1）中村正直と亜米利加婦人教授所の3人の宣教師　*167*

　　（2）東京女子師範学校附属幼稚園の関信三と3人の保育者　*167*

　　（3）「保育4項目」時代の保育者　*168*

　　（4）明治期後半にみる専門職としての保育者　*168*

2．大正，昭和初期にみる幼稚園教育の普及と幼稚園保姆の地位……… *169*

　　（1）アメリカの児童研究と自由保育の潮流にみる保育者　*169*

　　（2）倉橋惣三の思想にみる保育者　*169*　　（3）戦時下の保育者　*170*

3．戦後の保育制度と保育者……………………………………………… *170*

　　（1）戦後の教育制度と保育者のあり方（戦後～昭和30年頃まで）　*170*

　　（2）「保育要領」と幼児の生活を重視した保育者　*171*

4．昭和30年代～昭和後期にみる専門家としての保育者像…………… *171*

　　（1）幼稚園教諭免許制度の動向—— 大学での保育者養成や現職教育　*172*

　　（2）「幼稚園教育要領（1956（昭和31）年）」刊行と保育者　*172*

　　（3）保母養成の動向——「幼稚園と保育所との関係について」　*173*

　　（4）「幼稚園教育要領」（1964（昭和39）年告示）と「保育所保育指針」（1965（昭和40）年通知）と保育者　*173*

5．子どもを取り巻く環境の変化と保育者に期待される役割………… *174*

　　（1）平成初期の動向と保育者の専門性　*174*

　　（2）平成10年代（1998～2007年）の保育者の専門性　*175*

　　（3）平成20年代（2008～2017年）の保育者の専門性　*177*

　　（4）平成30年代以降の保育者に期待されること　*178*

第11章　子育て環境と保育者の役割の変化 …………………………… 180

1．少子化と保育………………………………………………………… 180
（1）少子化の進行　180　（2）幼稚園と保育所の変化　181
（3）子ども・子育て支援新制度の始まりと保育教諭　182

2．地域の子育て家庭と保育…………………………………………… 183
（1）家庭や地域の養育力　183
（2）保育・教育施設に求められる役割　184

3．個別のニーズと保育………………………………………………… 186
（1）福祉，人権，教育への認識の変化　186
（2）個別のニーズへの対応　186

4．多様化する保育と保護者支援……………………………………… 187
（1）多様化する保育　187
（2）多様な保育から選択する　188
（3）子どもの最善の利益と保護者支援　188

5．多様なニーズへ対応する保育者への期待………………………… 189
（1）求められる専門性と研鑽　189
（2）保育者としての倫理　190

さくいん……………………………………………………………………… 193

 第1章
保育者になるということ

1.「育てられる人」から「育てる人」へ

　保育者と聞いて私達が思い浮かべるのは，幼稚園や保育所の先生などであろう。正式には幼稚園教諭，保育士，保育教諭などと呼ばれる。ここでは，そうした名称の違いやかかわる子どもの年齢の違いなどをふまえた上で，ともに「子どもの育ちに重要な役割を担う」という意味で**保育者**と呼びたい。

　「保育者」とは「就学前の子ども達の面倒を見ながら，安全に楽しく遊ばせてくれる人」という一面もあるが，それだけでは子ども達と遊んでくれる「近所のやさしいお姉さん，お兄さん」と変わりがない。やはりここでは「子どもの発達に精通し，よりよく育つように援助できるプロフェッショナル」と考えたい。しかし，資格を取ればすぐになれるわけではない。実践の場においていろいろな勉強や体験を通して徐々に「保育者」になっていくのである。

　本節ではまず，保育者として活躍している先輩達へのインタビューをもとに，彼等がどのように学び，考え，育ってきたのか，そしてこれから保育者になる皆さんにどのようなメッセージを抱いているのかを紹介したい。

　■インタビュー回答者プロフィール
　　A女：私立幼稚園勤務，3年目，現在年中組担任
　　B女：私立幼稚園勤務，3年目，現在年少組担任
　　C女：私立保育所勤務，5年目，現在5歳児担当
　　D女：公立保育所勤務，7年目，現在0歳児担当
　　A男：私立保育所勤務，3年目，現在3歳児担当
　　B男：公立幼稚園勤務，5年目，現在年中組担任
　　C男：私立幼稚園勤務，7年目，現在副園長

(1) 保育者を目指したきっかけ

> A女：はじめは保育者になろうとは思っていませんでした。高校卒業時に進路指導の先生に相談したところ，自分の特技（ピアノ，歌，体育，工作）が生かせる職業ということで決めました。
> B女：私は保育所出身ですが，小さい頃から幼稚園の先生になるのが夢でした。その頃から幼稚園と保育所の先生の違いを感じていて，夏休みがあってクラス担任ができるので「絶対に幼稚園の先生」と思っていました。
> D女：短大を卒業したのですが，就職が見つからず，やはり資格が必要だと思ったからです。
> A男：中学のときの職業体験で保育所に行き，子ども達と接するうちにこの仕事をやろうと思うようになりました。
> C男：私は実家が幼稚園を経営しており，将来園長になるために資格が必要だったからです。

ポイント：保育者を目指したきっかけは，大きく2つに分かれる。1つは「小さい頃からの夢だった」，「子どもが好きで子どもとかかわる仕事をしたかった」というもので，もう1つは「特技や趣味が生かせる」，「将来役に立つ，あるいは必要だから」というものである。いずれにしてもしっかりした目的意識をもって取り組むことが，よりよい保育者になるために大切である。

(2) 学校生活（授業，ピアノ，実習等）
1）授　　業

> ○授業について
> A女：あまり休まずに授業を受けました。私は体を動かすことが好きなので，そうした科目はおもしろかったです。講義科目は…，楽しいのもあり，わからないのもあり，といったところです。
> C女：実技科目は，実習でも働き出してからもすぐに役に立ちますので，いろいろなことを学んでおくといいと思います。宿題が多くて，正直なところあまり真面目ではなかったのですが，今思うともっとたくさんやっておけばよかったと後悔しています。

○実際に働くなかで思うこと
B女：今，よく開く教科書は子どもの成長過程や病気，クラス運営や環境設定のところです。基礎的・知識的なものは，働き出すと勉強している余裕がありません。技術的なものは，毎日の保育で自然と身につきます。ただ，保育に使う小物類は，学生時代にたくさん作っておいたほうがよいと思います。

B男：授業内容はあまり覚えていませんが，「どこかで聞いたぞ」ということが大切。困ったとき，教科書やノートを見直すとけっこう出ていて助かっています。働き出してから基礎や知識の重要性に気づいて，もっとやっておけばよかったと思っています。

ポイント：授業は，出席管理が厳しいため，休まず真面目に受けたようである。実技科目は楽しく，実習時や職場で役立つ，という意見が目立つ。ただ，製作には時間がかかり，宿題も多かったのは大変だったようである。一方，講義科目は実際に働き出してから大切さを痛感するようである。先生の話をよく聞き，教科書やノートをしっかり取ることが大切である。

いずれも，実技に使う小物や，基礎や知識などの勉強など，時間がかかることは学生時代にもっとたくさんやっておけばよかった，と思っている。

2）ピアノ

○ピアノ授業について
B男：ピアノはやったことがなかったので本当に苦労しました。でも，毎日練習したのでけっこう弾けるようになりました。

C男：私は，追試，追試でなんとか合格したレベルですが，それでもかなり練習しました。試験前はほとんど徹夜でした。

○実際に働くなかで思うこと
A女：私の勤める幼稚園は音楽教育に熱心なのでピアノは必須です。小さい頃から習っていて得意なので，とても楽しいです。

C女：私は保育所ですが，キーボードはけっこう使います。他の保育所では全く使わない所もあるようですが，弾けたほうがいいと思います。

> C男：就職試験でピアノが課されました。難しい曲を弾けるようになる必要はありませんが，普段使う曲は，弾けないと困ります。ピアノは，学生時代に「どれだけ真剣に保育者を目指したか」の1つの目安だと考えています。

ポイント：ピアノは，小さい頃から習っていた人は別として，苦労する（特に男性は）科目である。ピアノの利用度は，幼稚園では高く，保育所では比較的低いようであるが，弾けるにこしたことはない。そして，ピアノの上達には毎日の練習が欠かせないと全員が答えている。

3）実　習

> ○実習について
> A男：子ども達は男の先生が大好き。だから実習はやりやすかったですね。日誌とか，責任実習の指導案作成は大変だったけど，今考えると楽しい思い出しかでてこないです。
> C女：夜遅くまで日誌を書いたり，保育の準備をしたり。朝は早いし，夏は子ども達と一緒に泥だらけになったりして，今思うとよくやったなと思います。

> ○実習生へのアドバイス
> A女：私は実習のときにいろいろやらせていただき，勉強にもなり，自信にもなりました。ですから，私のクラスの実習生にはできるだけたくさんのことをやってもらっています。もちろん，簡単なところからですが。せっかく実習に来たのだから，保育について，いろいろな経験をしてほしいと思います。
> C女：保育所はいろいろな年齢の子どもがいるので，年齢ごとの発達の様子などはある程度勉強してきてください。やはり，準備は大切だと思います。
> D女：実習ではいろいろな年齢の子どもを次々に経験しなければならないので，大変なのはわかりますが，わからないから見ているではなく，聞くなり調べるなりして，自分から積極的に取り組んでください。

ポイント：実習は社会人になるための第一歩である。実習生といえども子ども達にとっては先生であり，それまでの「育てられる人」が，初めて「育てる人」の立場を経験する場でもある。実習は，大変だったが後から考えると楽しかった，という意見が圧倒的である。実習園の指導方針にもよるが，せっかくの実習なのだから，保育に関するいろいろなことを経験していってほしいと思っているようだ。その一方で，状況によっては任せられないという意見も多い。いずれにしても，準備をしっかりして積極的に取り組むことが大切なことである。

（3）就職について

○現在の就職をどのようにして決めたか
A女：私は，幼稚園が希望でした。就職の先生の紹介で就職しました。第1希望ではなかったのですが，けっこう楽しく，この園でよかったと思っています。
A男：私は，故郷に帰りたいと思っていました。田舎で私立保育所が少なく，今の所を第1候補に考えていました。元々中学校の職業体験でその保育所に行ったことが，保育士になるきっかけでした。その後も実習や休み中のボランティアをさせていただきました。これらの活動が評価されそのまま就職しました。
D女：私は，短大を卒業後この道に進みました。年齢が少し高かったのと，一生働きたいと思い，公立保育所を希望しました。何か所か受けて受かったのが今の保育所です。

○就職に対するアドバイス
A女：就職は希望通りにいかないかもしれませんが，あきらめないこと。どこの園に行っても一生懸命やることが大事だと思います。
B女：自分の希望をしっかりもって，就職の先生とよく相談をすること。そうすれば希望の園が見つかるはずです。
D女：はじめから目標をもってしっかり勉強しておくこと。きっと役に立ちます。

ポイント：就職は，学校に来ている求人票を見て，就職担当の先生と相談して決めたという人が大部分である。第1希望で決まった人と，第2希望以降になった人の割合はほぼ半々。自分の希望（施設の種類や規模，通勤時間，待遇等）をしっかりもって就職担当の先生とよく相談すること，そのときになってあわてないよう，普段の勉強をしておくことが大切である。

（4）新任時代から現在まで

○新任時代から変わったと思う点
A女：1年を通して保育の流れが見えるようになってきたと思います。1年目は夢中で，子ども一人ひとりの様子など見落としが多かったと思います。今は，少し引いてクラス全体が見られるようになったと思います。
B女：保護者の接し方が変わってきたように思います。1年目は少し距離感がありましたが，今は信頼されていると感じることが多くなりました。
C女：急な発熱や，小さなケガであわてなくなりました。あと，子ども達のケンカなど，日常の保育のなかでの出来事への対処法が，自分なりに判断できるようになったと思います。

○「育てられる人」から「育てる人」になったと思うとき
A女：自分のクラスを1年やり通したときですね。1年目からクラス担任でしたが，1年過ごしたとき，「私はこの子達の先生なんだ」と思いました。
B女：保護者に信頼されるようになったと思えたときでしょうか。
B男：やはり初めて年長さんを担任して，無事卒園させたときです。私は年長からの担任になったのですが，それでも子ども達の成長に感激しました。
D女：難しい質問ですね。毎年違う問題があって，毎年卒園式ではこれでよかったのかなと思います。まだまだ子ども達に育てられているし，いつになったら「育てる人」になれるのでしょうか。

ポイント：新任時代は無我夢中だったという声が圧倒的である。特に変わったという意識はないが，問われてみるとこんなところが違うかな，といった感想のようだ。卒園式などで子ども達の成長を実感したとき，後輩や実習生の指導を任されたとき，行事等の運営を任されたときなどに「育てる人」になったと感じる場合が多い。

（5）これから保育者を目指す人達へ

○保育者として必要なもの（こと）
A女：子どもが好きで，一緒にいて楽しいと思えることですかね。この子達のために一生懸命になれる，ということでしょうか。
B女：保育の7〜8割は，環境整備とか準備とか，あまり楽しくないことです。楽しいのは2〜3割。でも，その2〜3割のために残りの7〜8割ができること。
C女：健康と忍耐力。あとは上手な気分転換。
D女：勉強も保育も一生懸命やること。一生懸命やっていれば，できるようになり，自信もつく。自信がついて安定した保育ができれば信頼もされるようになって，ますます楽しくなります。
C男：長い目で見るということでしょうか。保育の結果はすぐには出ません。でも，子どもも自分も少しずつ成長していきます。子どもの成長を信じて，あせらないで見守ることだと思います。

○これから保育者を目指す人へのアドバイス
B男：人生どうなるかわかりません。学校でも，就職してからも一生懸命にしておくこと。きっとだれかが見ています。
A女：いろいろなことにチャレンジしておくこと。学校時代は短いです。アルバイトばかりでなくクラブ活動や学校行事など，積極的に参加してみてください。
B女：せっかく目指したのだから，あきらめないで頑張ってください。こんなに楽しくてやり甲斐のある仕事は，ほかにはないですよ。

2．やってみよう，感じてみよう，考えてみよう

（1）育てられる者から育てる者への視点の転換を

　今，保育者になろうとしている皆さんが思い描く保育者のイメージは，どのようなものだろうか。それは幼少期に出会った保育所・幼稚園の先生のイメージかもしれない。「入園したてのとき，はじめてお母さんから離れてさびしくて泣いていた自分に，そばでやさしく話しかけてくれた先生のようになりた

い」「毎日砂場で一緒に遊んでくれた先生のようになりたい」などである。ところが，実習などで保育者の立場から保育を実践してみると，保育者のイメージに変化が生じる。「毎日の保育のなかで先生がこんなにいろいろなことを考えて私たちとかかわってくれていたとは思わなかった」「先生はこんなことをうれしいと思ってくれていたんだ」などである。本節では，保育者に求められる様々な資質・能力のなかから，「自尊感情を高める」「共感する」「視点を変えて見る」「信頼関係をつくる」力についてワークを通して体験し，皆さんがこれまでにもっていた漠とした保育者へのあこがれを越えて，現実の保育者に求められるものに少し近づいてみたい。

以下のワークでは，紹介する「ハイタッチ」の他，「猛獣狩りに行こうよ」「バースデーライン」などの導入ゲームを行うと，緊張感もほぐれ，ワークにスムーズに取り組めるのでお勧めしたい。

また，以下のワークは園の保護者会などでお互いを知り合うためのゲームとしても利用できるので，ワークの手順を覚えておくとよい。

（2）ワークの流れ

ワークの流れとして，「導入ゲーム」→「ワーク」→「シェアリング」の順に紹介する。

1）導入ゲーム

導入ゲームは，緊張をほぐしてワークにスムーズに取り組めるように，また2人組，4人組などの組み分けをするために行う。導入に使えるゲーム例を以下に紹介する。

| 導入ゲーム 　＜ハイタッチ＞

① 全員が教室内を自由に歩きまわる。
② 先生（リーダー）の合図があったら近くの人と目を合わせ「よろしくね」の気持ちをこめて両手でハイタッチ。
③ 何度か同じことを繰り返し，最後にタッチした者同士が2人組になる。

2) ワーク

ワーク1　　いいとこ探し

＜ねらい＞

　自尊感情を高める。共感する。

＜内　　容＞

　相手の話に関心をもって耳を傾け，応答する。

＜方　　法＞

① 2人組を作り，向かい合って座る。ワーク1～3では，話す順番はあらかじめ決めておく。2人組，4人組になって話し始めるときは，最初にじゃんけんなどで順番を決め，先生（リーダー）が1番の人，2番の人と言って各組のそれぞれの人に手をあげてもらい，話す順番をあらかじめ確認してから始めるとスムーズに話が進む。

② 2人組の片方Aさんはもう片方のBさんに次のことを聞く。

　　Aさん：「あなたは何をもっていますか？（あなたには何がありますか）」
　　　　　　「あなたのできること（セールスポイント）は何ですか？」

③ BさんはAさんに質問されるたびに，次のように答える。

　　Bさん：「私は○○をもっています」

　　　　※○○には物，身体の部分，人とのつながりなどが入る（私は眼鏡をもっています，足があります，二人の姉がいます，など）。
　　　　「私は○○ができます」

　　　　※○○には特技，能力，普通にやっていること何でも入る（私はピアノが弾けます，私は歩くことができます，など）。

④ AさんはBさんに次々と質問し続け，Bさんは質問に対しあまり考え込まずに簡潔に答えていく。慣れてきたらAさんは質問を省略して「それから？」「ほかには？」と聞いていく。AさんはBさんの答えに対しうなずきながら「そうなんだ」「すごいね」などの応答も入れて肯定的に受容し，共感する。ワークのやり方は，言葉での説明だけでなく，先生（リーダー）が例を具体的に示す。参加者が何をしたらよいかと惑わないため，また，先生が最初に自己開示をすることで，参加者が先生に対して親しみをもつことに

なるため，必ず先生（リーダー）が例を示す。
⑤　2分経ったらAさんとBさんで役割を交代，同じことを行う。2分経ったら終了。この際，話す時間を区切ることが大切である。グループにより早く終わってしまったり，なかなか終わらなかったりするのを防ぐため，1人2分くらいを目安に，2分経ったら先生（リーダー）が合図して次の話し手が話し始めるようにして全体が大体同じ時間に終わるように配慮する。
⑥　シェアリングを行う。今の体験について感じたこと気づいたことなどを話し合う。または，各自「振り返りシート」（章末に掲載）を書く。次に2人で話し合ったことを，クラス全体で発表する。または，振り返りシートを回収し，先生が数名の振り返りシートを読み上げる。

＜解　説＞
　改めて自分が何をもっていて何ができるかを意識して考えると，自分がいかに多くのもの（資源）を所有し，多くのできること（能力）をもっているかに気づくだろう。自分のできるところ，よいところを真剣に聴いてもらって認められるような応答をされると，自己肯定感が高まるのも感じるだろう。
　自信は意欲につながる。失敗が続いたり思うようにいかないことが起きたとき，身近な人とやってみよう。自分のなかに自信のようなものがわいてきて，問題に対処する力となる。自分を認められると自己肯定感や意欲が増すのは，子どもも同じである。日常の子どもとの会話のなかで，子どもの話に「そうなんだ」と耳を傾け，子どものよいところ，できたところを「すごいね」「がんばったね」と，その都度認めてあげたい。
　最後にシェアリングで感じたこと，気づいたことを話し合う作業では，自分と同じようなことに気づいたり感じたりしている仲間を知って励まされ共感的理解を得たり，逆に自分独自の気づきや感じ方を発見するだろう。以下のワークでも，同じ意味合いでワークの最後に気づいたこと，感じたことの話し合いと発表を行うようになっている。

2．やってみよう，感じてみよう，考えてみよう　　11

ワーク2　リフレーミング（視点の転換）

＜ねらい＞

　視点の転換を図る。傾聴・受容・共感する。

＜内　　容＞

　相手が問題と感じているところを，よいところとしてとらえ直して返す。

＜方　　法＞

① 4人1組になり，じゃんけんで話す順番を決める。
② 話し手は自分自身の性格や行動特性について気になっているところ，問題だと感じているところを話す。
③ 聞き役3人は，それをよいところ，できていることに言い換えて応答する。
④ 4人が順番に自分の気になっていることを話し，それに対して他の3人がよいところ，できるところに言い換えて応答する。
⑤ 最後に今の体験について感じたこと，気づいたことなどを話し合う（または，各自「振り返りシート」を書く）。
⑥ 4人で話し合ったことをクラス全体で発表する（または，振り返りシートを回収し，先生が数名の振り返りシートを読み上げる）。

＜先生のお手本例＞

　話し手Aさん：「私は話すのが苦手で，無口なことが気になっています」
　聞き手Bさん：「でも，それって聞き上手ということじゃないかな。私は聞き上手の人に話を聞いてもらえるとうれしい」
　聞き手Cさん：「よく考えてから話をする人だとも考えられる」
　聞き手Dさん：「自己抑制ができて，控え目な人で謙虚な人よね」

＜解　　説＞

　こういう子どもに育てたいという保育者の教育的意図は，とかくその思いに沿わない子どもの姿を否定的に捉えがちである。未来への期待をもちながら，今ある子どもの姿に沿う保育は，子どもの問題なところではなく，よいところ，できていることに着目する。自分で問題だと感じていることも，見方を変

えるとよいところになるという相手からの応答によって，語り手はうれしくなる。同じ物事が見方によって違う意味合いをもつことを知り，固定的な見方にしばられず，子どもの行為を多様な視点で捉えられる保育者になろう。

ワーク3　相手の目を見て名前を呼ぼう

＜ねらい＞
　子どもの目を見て話す。子どもにわかるように話す。
＜方　　法＞
①　毎回の授業の開始時，受講生を園児に見立て，教卓の前に立って保育者として挨拶をし，受講生の名前を呼びながら出席をとる。挨拶は「おはようございます」だけでなく，保育者として短いお話を加える。
②　先生役はこの体験について感じたこと，気づいたことなどを発表する。
③　子ども役の数名がこの先生役の出席のとり方，お話についてよかったことを発表する。

＜先生のお手本例＞
　おはようございます。今日，元気に幼稚園（保育所）に来られたお友達は？そう。私はね，今日もみんなが元気に幼稚園に来られて「よかったー」と思っています。今日は半そでの服の人が多いですね。天気予報では今日は暑くなるということなので，お外で遊ぶときは帽子をかぶって，汗をかいたら着替えをするようにしましょう。

＜解　　説＞
　先生役になった人は，名前を読み上げて1人ずつ呼んでみると，難しくて読めない名前があったり，出席簿から顔をあげて子どもの目を見ながら呼べなかったりすることも経験するだろう。人の前に立って見られている自分を意識してしまうとそれだけで緊張する。間違えないように名前を呼んで，目を合わせて笑顔で挨拶するだけでも慣れないと大変なことである。子どもの前に立って一人ひとりの子どもの顔を見て，子どもの目を見ながら，子ども達にわかるような話し方で話をしたり，出席を確認したりできるようになろう。帰りの会

でのお話を考えてみてもよい。例えば「今日よかったことは…」など毎日の生活のなかで小さないいことを探し，園での生活の楽しさや子どものよいところを言葉で伝えてみる。

　子ども役としては，自分の名前が間違って呼ばれて悲しい思いをしたり，飛ばされて呼ばれなかったり，「はい」と返事したときに先生と目が合ってうれしいと感じたり，いろいろなことが感じられるだろう。どのような出席のとり方が，子どもとしてうれしいかを考えてみよう。毎回同じ出席のとり方であきてしまうと思ったら，「はい」の代わりに「今日は動物さんの声で返事をしてみましょう」などいろいろな出席のとり方も工夫してみよう。

　最後に子ども役は先生のよかったところを言ってあげると，先生役は自信となり，やってよかったと思うことができる。悪かったところばかりを指摘されると，次に先生役になる人が出づらくなるので注意したい。

3) シェアリング[1]

　シェアリングとは，「それぞれの体験をシェアする（分ち合う）こと。それぞれの意見を闘わせる『話し合い』との対比で，それぞれの意見に耳を傾け理解し合うことに徹する『聴き合い活動』」と諸富ら（2004）が呼んでいる活動である。実際に行うのは「まず自分の感じたことをワークシートに書き込む。そこに書いた内容をお互いに語り合い，聴き合う」ことで，「討論するのではなく，他の子どもの発言を懸命に聞き，理解しようとする。そうした受容的でわかってくれる雰囲気の中で，子ども達は安心して自由に発言できる」という。つまり，シェアリングにより，仲間が自分と同じように感じたということを知って仲間意識をもったり，仲間とは違う自分独自の感じ方を知って，自分や仲間の個性を自覚したりすることができるのである。

　保育者にとっても必要な「子どもの発言を懸命に聴き，理解しようとする」姿勢をこのシェアリング活動を通して体験してほしい。

討論のテーマと視点

① 通学の途中や公園，アルバイト先などで，子どもを観察しその行動や言葉を記録してみよう。一緒にいる大人（母親など）が子どもとどうかかわっているかも観察しよう。ただし，不自然に接近したりじろじろ見たり，目の前で筆記用具を取り出して堂々と記録したりすることは避け，さりげなく状況を観察し，記録は後でその場から離れたときにメモしよう。
② 上記の子どもの観察記録について，子どもの行動の意味を考え，自分が子どもと一緒にいる大人であったらどうかかわるかを考えてみよう。
③ 観察前と後であなたのもつ子ども像に変化があったかどうか，自分が今までもっていた子ども像を，観察から見えてきた子ども像と比べてみよう。

■引用文献

1）諸富祥彦編集代表，会沢信彦，植草伸之編：学級経営と授業で使えるカウンセリング，ぎょうせい，2004，p.55

■参考文献

・國分康孝監修：エンカウンターで学級が変わるショートエクササイズ集，図書文化，1999
・黒沢由紀子：指導援助に役立つスクールカウンセリングブック，金子書房，2002

ワーク1～3用振り返りシート　　学籍番号：　　　　　氏名：

実施日：　　年　　月　　日（　）	活動名：

今日の活動をしているときに，あなたが感じたことを書きましょう。

1. 自分について感じたこと，心のなかで思ったこと

2. 友達のことで感じたこと，気づいたこと（ワーク3については「よかったこと」）

3. 活動について感じたこと，気づいたこと

子ども観察記録用紙　　学籍番号：　　　　　氏名：

観察日時：　　年　　月　　日（　）　　時頃	子ども：　　　歳くらい（男・女）

出来事（観察した事実）

出来事の意味（推測された子どもの心）

第2章
保育の本質

1．保育とは何か

(1) 幼い子どもを「いとおしい」と思うこと

　あなたは，街角や電車のなかなどで赤ちゃんや幼児を見ると「かわいい」と思うだろうか。小さい子どもを見たら「かわいい」と思うのは当たり前，と言う人もいるかもしれないが，子どもに対して「生意気」だとか「不思議」だとか「つきあうのは面倒そう」だとか感じる人がいても無理はない。むしろ，それは子どものまた別の側面を見たときの正直な感覚でもあろう。

　親になって，自分の赤ちゃんをどう育てたらいいのか迷ったり，毎晩の夜泣きで寝不足になったりして「かわいい」とは思えなくなることもあるだろう。「かわいい」という感情は状況にも大きく左右されるのだ。「子どもの気持ちがわからない，コミュニケーションがとれない」と悩んでいた親が，子どもとの接し方を変えたりするなかで，徐々に子どもと気持ちが通じ合うようになると，子どもがかわいく思えるようになる場合が多い。

　「かわいい」と感じるかどうかは，相手との関係にかかっている。

　親や保育者などになって赤ちゃんの世話を始めると「かわいい」だけではすまなくなる。育てる者として，赤ちゃんの将来，いや目前の今日，明日が自分にかかっているという責任感を背負うからだろう。日々一生懸命にわが子を見守り，子どもの要求に応えようと心を砕き，何が必要なのか大切なのか考え悩む。その苦労の分だけ，子どもが一歩一歩成長するなかで味わう喜びは大きい。しかしその喜びが持続しないのも事実だ。子どもが病気になったり元気が

なかったりすると，またあれやこれやと心配し，この繰り返しである。養育の責任を負うというのは，誰かから背負わされた「重荷」を運ぶ苦労とは異なる。子どもとともに歩む人生を選ぶということなのである。

　そんな親・保育者であっても，眠りについた赤ちゃんや幼児の顔を見ると，しみじみと「かわいいなあ」と感じる瞬間が訪れる。寝顔を見ている間は，一方的に見つめていられる。育てる「責任」から一時でも解放された気持ちになる。しかし病気やケガで辛そうな子どもの寝顔となると，それどころではなく，心配し，必要な手当てをし，回復を祈る。この繰り返しなのである。

　英語の「責任（responsibility）」という言葉には，応答（レスポンス）するという意味が含まれている。養育責任をもつ者（保護者・保育者）が子どもに対して常に感じているのは，状況に左右されやすい「かわいい」という感覚よりもむしろ，子どものためにできることをしてやりたいという，関係性のなかの「いとおしさ」のようなものである。この種の感情（愛情ともいえるかもしれない）は，家庭的環境で子どもを養育する親（保護者）も，幼稚園や保育所などの集団的な保育施設における保育者にも共通に認められるものである。保育の知識や技能を修得した保育者であっても，子どもに「いとおしさ」を感じないで保育をするとしたら，それは本来の保育とはいえないものであろう。

(2) 子どもの「生活」を基盤とすること
1)「家庭」と「園」をつなぐ「生活」

　子どもに「いとおしさ」を感じながら日々の子どもの成長を見守り支える人であるという点では，親（保護者）も，園の保育者も共通である。それでは，家庭と園の保育のあり方は「同じ」であるべきなのか。「同じ」は無理だとしても，なるべく似ている方がいいのか，あるいはそれぞれの特性を発揮すべきなのか。家庭と園の関係を2つの図式に分けて考えてみたい。

　① 園は家庭保育を「補完」するのか？
　② 園は家庭保育ではできない「保育」をするのか？
　①と②とはどちらが正しいのだろうか。ここでは，幼稚園や保育所などの園

（認定こども園やその他の子育て支援的な施設も含む），つまり家庭以外における保育の場と，家庭との関係について考えてみよう。

　子どもが育つ場として，家庭と園のどちらが主に考えられているのか。それは国際的にも（「児童の権利に関する条約」を参照してほしい）国内的にも，家庭である。1951（昭和26）年5月5日に定められた児童憲章の第2項に，「すべての児童は，家庭で，正しい愛情と知識と技術をもって育てられ，家庭に恵まれない児童には，これにかわる環境が与えられる」とある。これは敗戦後，日本に戦災孤児があふれ子どもの生活の質が保障されず，子どもが売買されるような事態も発生していた社会に，児童福祉法（1947年施行）の精神を普及させるために制定されたものである。

　幼稚園と保育所とが制度的に区別されていなかった戦前から，園は，①の家庭保育の「補完」として考えられていた傾向が強い。保育に欠ける貧困階層の子どもの家庭的養育を「補う」場として「保育所（託児所）」が位置づけられていたし，それが「幼稚園」という名で呼ばれていることもあった。

　一方，対照的だが，一部の特権階級と経済的に裕福な家庭の子弟のために，小学校就学を前に家庭保育ではできない義務教育の基礎を「補う」場として「幼稚園」があった。1876（明治9）年に設置された日本最初の官立幼児教育施設である東京女子師範学校附属幼稚園にはごく限られた上層階級の子弟が入ったが，いわゆる上流社会だけに順応するような保育を目指していたのではなく，幼児期の子どもの発達にふさわしい保育・教育方法を研究・実践する場として機能していた。倉橋惣三（1882－1955）は，同幼稚園をフィールドとして，日本の幼児教育理論の基礎を築いた研究者であるが，彼は家庭が保育の中心であることを強調し，家庭と園の生活の連続性を説いた。「生活を生活で生活へ」という言葉に代表される，子どものさながらの生活を基盤とした幼稚園教育が追求されたのである。

>　教育へ生活をもってくるのはラクなことであります。しかし，子供が真にそのさながらで生きて動いているところの生活をそのままにしておいて，それへ幼稚

> 園を順応させていくことは，なかなか容易ではないかもしれない。しかしそれはほんとうではありますまいか[1]。

　子どもを幼稚園生活に慣らすのではなく，家庭から園に来た子どもの生活へ幼稚園を順応させる，という発想は，家庭と園の間を「生活」でつなぐものであり，また園として**環境構成**（倉橋は「設備の設定」という）による専門的な計画を必要とするものでもある。幼児教育において「生活」が基盤となるということは，先述の命題である①と②を同時に成り立たせているといえる。

2）「生活」と経験

　子どもの自ら遊ぶ姿を大切にし，大人の考える型にはめこまない教育方法は，戦後は「**環境による保育**」として幼稚園教育に定着していく。

> 幼稚園は，義務教育及びその後の教育の基礎を培うものとして，幼児を保育し，幼児の健やかな成長のために適当な環境を与えて，その心身の発達を助長することを目的とする。（学校教育法第22条）

　主体性を重んじ子どもの経験に根ざした教育をよしとする教育方法は，小学校の教育現場にも影響を及ぼしたが，幼稚園（保育所）の教育のように中心的なものとはならなかった。小学校以上の教育では，教育者側が系統的に組み立てたカリキュラムに沿った教科中心の教育が中心をなしている。1989（平成元）年の小学校学習指導要領改訂で，「**生活科**」が設置されたが，理科と社会科をつなぐ「生活科」と幼稚園保育内容五領域の基盤にある「生活」との間の差は小さくない。日本の幼児教育では，教科別ではない，子どもの主体的な経験に根ざした教育を重視する保育が現在も中心である。すなわち，幼稚園と保育所においては，子どもの主体性や興味・関心を重んじ，心情・意欲・態度を育てる，経験に基づいたカリキュラムのもとに保育がなされている。家庭と園の間を「生活」という視点からなめらかにつなぐという意味合いと，園におけるよりよい保育環境を子どもに経験させるという目的とを統合的に実現しようとしているのである。

先進国の幼児教育に目を向けると,「**生活基盤型**」のドイツ,フィンランドなどのどちらかというと日本に近い国と,「**就学準備型**」ともいえるフランス,イギリス,アメリカなどの国があり,いろいろである[2]。多くの外国人労働者が移入する欧米諸国では,1つのクラスに10か国以上からの移民の子どもがいることも珍しくなく,保育者と親の意思の疎通がうまくいかないケースが多い。言語教育の方法や社会階層による格差をどのように是正するかが,保育方法を考える上で緊急の課題となっている。日本の幼児教育における「生活」観が世界的に見て決して一般的ではないことにも気づく必要があるが,少なくとも,幼児期が小学校と同じような教育方法ではうまくいかないこと,子どもの身体的な経験や生活的実感を生かした教育が就学前には必要だということなどは,各国で共通に認識されてきている。

(3)「遊び」を生活とのつながりで捉えること

「遊びをせんとや生れけむ　戯れせんとや生れけん　遊ぶ子供の声きけば我が身さえこそ動(ゆる)がるれ」と詠まれたのは約800年前の『梁塵秘抄(りょうじんひしょう)』。遊んでいる子どもの様子にふれると,大人になった自分の心が突き動かされるという心境であろう。子どもがもっとも子どもらしく見えるのは,今も昔も,飽くことなく遊ぶ姿なのである。

「遊び」はどういうものだろう。「遊んでばかりいてはだめ」という常套的(じょうとう)な表現には,遊びに対する否定的な意味合いも感じられる。上の歌にあるような,遊ぶ子どもを愛(め)でるまなざしとは異なり,子どもらしいだけではだめだという「上からの」目線が入っている。子どもを育てる過程で,そのような目線を保育者がもつこともある程度当然ではある。子どもを自然にあるがままに任せているだけでは,保育(教育)とはいえないのである。では,保育者はどのように「遊び」を見守ればいいのだろうか。

遊びは目的のない活動だといわれる。その意味では,食べたり,排泄したり,寝たりなどの,生きていく上で欠かせない活動は,通常「遊び」とは区別されやすい。だから「食べながら遊ぶんじゃありません」などと叱られる子ど

もがよくいるのだ。衣食住にかかわる行動は「**生活習慣**」として一括りにされ、「しつけ」の対象として語られやすい。ちゃんと食べること、ちゃんと寝ることはたしかに健康のために重要である。そのため、生活習慣に関することとなると、保育者は、少しばかり上から強く「しつけ」てもいいのではないか、という気持になりやすい。その上「生活習慣」には「生活」という言葉が入っているので、「生活」を保育の基盤に据えることが「生活習慣づけ」することと同じ狭い意味に誤解されてしまうことも多く、「生活習慣だけはしっかりしつけておかないと…」という気持ちにさせられやすい。生活習慣のしつけが必要ないというわけではないが、押しつけ的なしつけには注意したい。

　保育において「遊び」が大切であることが「生活」との関係できちんと捉えられる必要がある。次の事例（母親による育児記録から）をもとに、子どもの遊びと生活が不可分の関係にあることを考えていこう。

> 【事例2-1：1歳児のスパゲッティとの出合い】
> 　幼児椅子に座った1歳児。トマトスパゲッティ（短めに切ってある）の横に置いてあったフォークをつかみ、皿や台の縁を叩いたり、麺のなかに突っ込んだりしている。そのうち、フォークを床に落とし、それが床にあるのを認める。
> 　今度は手で麺をつかみ、かき回す。母親と目が合う（承認的なまなざし）。皿をかき回し、麺の一部を手全体でつかんで口にもっていく。そばで見ている母親の方は見ないで、スパゲッティを手でつかんだり、食べたりしている。その集中ぶりを見て、遊びとの境界のなさを感じた。

　この子どもはスパゲッティを食べてはいるが、それ以上に、スパゲッティというモノの感触や性質、食器の硬さや、フォークで叩く音などを身体で確かめているように見える。母親の承認的なまなざしを受けて、その探索的活動は自信をもって続けられている。

　この場面は、大人からすると食事を目的としたものであるので、どうしても「ちゃんときれいに」食べるようにしつけたくなる場面である。しかし、子どもからは、まず、不思議な長細い物体、しかも口に入れても注意されないという大変魅力的なモノとの出会いだったのであり、食器類も「遊ぶために作られ

ているもの」に比べて，むしろいろいろな可能性を秘めて身体に訴えてくるものであったはずだ。大人にとって食べ物は，栄養源として摂取すべき（しかも行儀よく）ものであるが，子どもにとっては新しい世界との出会いであり，自分の世界のなかに取り込んで自ら探究していきたいものなのである。

また，トイレで幼児が便器のなかの自らの排泄物をじっと見つめ，流すときに「バイバイ」と手を振るという光景はめずらしくない。このような場面も，保育者の価値観と大きくずれるところだが，子どもが世界と出会う場面を保育者が待って受け止めていくと，子どもは周りの世界を自分の意味で構成し，大人の与えている意味と折り合いをつけていくことができるようになるのである（身体の一部を引き離して流し去ることを納得し受け入れると，子どもは，バイバイと手を振って流すことはしなくなる）。

幼稚園教育要領において「自発的な活動としての遊び」を通しての指導をすることが方法として提示されている。見立て遊びやルールのある遊びなど，外から見てはっきりと「遊び」と名のつく遊びに限らず，子どもが自分から興味を感じ集中してやろうとすることが「遊び」として大切なものである。そのような遊びを通して，子どもは世界を見出している。大人がすでに意味をつけた世界を跡づけて経験するだけでは自発的な遊びとはいえない。「遊び」のなかでは，子どもが自分から世界の意味づけを行い，大人の枠組みのなかにある世界を主体的に自分の枠組みに組み替えて理解し把握していこうとする。大人によってすでに構成されている世界であっても，子どもはそれを自分の身体と感性，理解のしかたで主体的に意味づけ，納得して世界を自分のものにしていく。遊びを通しての学び（学習）とはこのようなプロセスのことをいうのである。

（4）生活と自然をつなぐこと
1）子どものなかの自然を生かす

現代の日本の保育を考える上で，子どもと自然の関係をいかに育てるかという視点が特に重要であろう。ここでは，「子どものなかにある自然」を生かす生活を捉えてみよう。

> **【事例２−２：トイレ行こう】**[3)]
> 　じゅんくん（３歳児）が，「おしっこ」とテラスで真っ赤な顔をしてジタバタしています。私はあわてて「トイレ行こう」とじゅんくんの手を引っぱってトイレに走ろうとしたときに，いきなりじゅんくんは私の手を振りほどき，「先生はイヤ」と叫びました。今にももれそうなので，とても悲愴な声です。するとしょうくんが「ぼくもいく」と，じゅんくんと手をつないでトイレに走っていきました。２人が並んで放尿。開放感に浸り，おしっこをしたままの姿で笑い合っています。

　このとき保育者が「トイレ行こう」とじゅんくんの手をひっぱろうとしたのはごく普通の対応であったといえよう。しかし，なぜじゅんくんがその手を振りほどいたのか，それはこの記録だけではわからない。排泄欲求を解消するには，ただトイレに行けばいいと大人は考えてしまうが，このような生理的な欲求でさえ，じゅんくんにとって選択肢のある問題だったことが興味深い。

　おしっこをトイレでする，ということも，生活習慣づけとして単純にしつければいいという問題ではないようである。しょうくんという友達と一緒に放尿を成しとげ，パンツを上げないで笑い合っている姿は，この記録を書いた（手を振りほどかれた）保育者にとってもほほえましいものだったようだ。人間の子どもにとっては，トイレでおしっこをするという，いわば初歩的なしつけごとでさえ，ただ教えられて習慣づけられればいいものではなく，このじゅんくんの場合は，友達との共同作業を果たした開放感，達成感，連帯感が，排泄という経験を豊かに彩ったということだろう。

　人間が動物として排泄をするということは，もちろん自然的な現象の１つではある。しかしそれを生活習慣としてトイレに行くことをしつけるためには，人間関係による豊かな出来事として経験する必要が，少なくともこのときのじゅんくんにはあったのだといえよう。保育において，子どものなかの自然は，保育者が放任しておけばいいというものでも，無理にトイレに行かせて封じ込めてしまうものでもない。子どものなかの自然のもつ力を，いかに豊かに人間らしく開花させるかという視点が，質の高い保育をしていく上で重要なの

である。この記録を書き留めた保育者のまなざしの確かさを感じる。

2）自然を保育者とする

　大人が子どもを育てるということは，いわば子どもを人間らしくするということである。だから排泄はトイレでするようにしつけるし，スパゲッティも散らかさないできれいに食べるように徐々に学ばせていくのである。人間らしく社会生活を送っていくために，人は子どもが動物のようでなく，人間らしくなるように育てる。それが教育であり，保育行為にも当然含まれる目的である。

　子どもの動物のような面，つまり，子どもの「**野性**」は教育のなかでネガティブに捉えられるのが普通である。理性を育てるということが，伝統的な教育の目的であったということもできる。しかしそれは，現代の子どもたちに求められる保育なのか，教育なのか。子どもがぐちゃぐちゃと食べ物を散らかして食べる様子，友達と一緒に放尿し一緒にそのまま笑い合っている姿のなかには，子どもの「野性」が充実して息づいていることがうかがわれる。幼児期における生活習慣のしつけは，このような野性をつぶすのではなく，生かすことが重要ではないか。幼児期の教育・保育は，えてして大人の一方的な価値観の押し付けや，言葉による説明によって，子どものなかの自然を抑圧する結果になりやすい。これは，子どもが自分の主体的な感覚，認識に沿って世界を把握し，大人の世界と折り合いをつけて育つ流れを妨害してしまう。大人が常時監視しているような体制の保育も反省されるべきであろう。安全のためとはいえ，保育者に常に管理されている世界では，子どもは大人の承認を確かめないと行動できなくなり，主体的な判断をする機会を失うことになりやすい。

　子どもが主体的な判断のもとに活動しやすくするには，自然という大きな胸を借りて，保育者の意図を越えた保育環境を用意するということも重要である。自然には，子どものなかにある自然と，外にある自然環境とがある。自然環境は都会のなかでも必ずしも貧しいとはいえず，土や空気，水や生き物とのかかわりのなかで，ささやかだが豊かな自然環境を用意する園がある。逆に，農村地域であっても，少子化の影響で遠くの園に行かざるを得ず，通園バスで長時間保育に通い，身近な田畑の虫とほとんど遊んだことのない子どもも増え

ているという。人間の意図を越えた自然の力を活用する保育が、現代の子どもたちの内なる自然を生かすために欠かせないが、それも保育者の意図と工夫なくしては実現できないという難しさを、現代の保育は抱えている。保育者となるならば、身の周りの自然にも、自分のなかの自然にも保育者自身が目を見張り、果敢にふれあって生活に取り込んでいくことがますます重要となる。

（5）養護と教育の一体的展開

不思議なことに、「保育」と日本語では一言でいえる言葉も、英語ではEarly Childhood Care and Education という長いフレーズになる。つまり、「保育」の中にはもともと「ケア care（養護）」と「教育 education」が融合して含まれている。しかし1947（昭和22）年以降、保育所＝厚生省（現在の厚生労働省）、幼稚園＝文部省（現在の文部科学省）と管轄行政が分けられたことにより、保育所保育は「養護」に、幼稚園保育は「教育」に重心があるかのように語られてきた傾向が強い。それでも、学校教育法第22条では、幼稚園の目的について「幼児を保育し」と規定されている。

「保育所保育指針」においても2008（平成20）年の改定で、保育所は「養護及び教育を一体的に行うことを特性としている」と明記され、2017（平成29）年の改定においても同様に記載されている。子どもの心身両面の状況を受け止めその育ちを支えることが「養護」であり、子どもの発達と育ちに沿った教育的環境を整え子ども一人ひとりの成長を保障することが「教育」である。この両者のバランスを常に考慮し一方に偏らないために、あえて「養護」と「教育」を一体化する必要性が確認されていると考えられよう。

2．保育者の子ども観・保育観

（1）子ども観・保育観はつくられる

保育者の子ども観や保育観は、その人が家庭や学校でどのように育てられてきたか、どのような保育者養成を受けたか、どのような園に勤めているかなど

の個人的な環境に左右される。しかし，おそらくもっと大きい影響力をもつのは，その人の生きる時代や文化などの社会的な価値観であろう。

　子どもを幼稚園や小学校に入れることを疑問に思う人は，現代においてほとんどいない。しかし，子どもには子どもにふさわしい教育を受けさせ，子どもの発達にふさわしい環境や文化を用意しようという考え方は，実は近代社会になってから形成されたといわれる。15～16世紀の近代以降になってから，少なくとも西洋の社会では，子どもを大人とは別のものとみなす見方が生まれ，子どものための服や本などを用意したり，子どもたちを学校のような教育を目的とした施設に囲い込んだりするようになっていったのである[4]。

　しかし，現代においても「子どもは教育の対象だ」という見方は，世界を見渡すとかならずしも絶対的なものではないことが，文化人類学の視点から明らかになる。北米のヘヤーインディアンという少数狩猟民族には，大人が子どもにものを教える，という発想がないらしい[5]。大人は子どものやることをとにかく面白がって楽しむのだという。そして，ものを教えるということをしない。生きるのに必須の「安全と危険」に関するしつけにおいても，例えば，ストーブに触れてやけどを負わせないためには，「あぶないよ」と言葉で教えるのでなく，その熱いストーブの表面に指を少し触れさせ「熱い」ということを体で感じさせるのだという。また，日本から行った調査者自身が，子どもの前で折り紙を折り始めると，子どもたちは興味をもって周りに集まって熱心に見ているが「折り方を教えて」とはいわず，黙々と横から折り方を模倣していくのだという。「折り方を教える」とか「言って聞かせる」という関係が大人と子どもの間で成り立たないのだ。「教えること＝教育」だというわれわれの「常識」が，意外にも，われわれ特有の文化による発想なのだということに気づかされる。

　約450年前の戦国時代，日本を訪れていたポルトガル人宣教師のフロイスが本国への手紙に「子を育てるに当たって決して懲罰を加えず，言葉を以って戒め，6，7歳の小児に対しても70歳の人に対するように，真面目に話して譴責する」と書いた。また明治初頭にアメリカのモース（動物学者，大森貝塚発見

で有名)は「世界中で日本ほど，子どもが親切に取扱われ，そして子どものために深い注意が払われる国はない。〔中略〕日本人は確かに児童問題を解決している」と記した[6]。外国人の目には，日本の育児風景が，少なくとも当時の欧米のそれとは大きく異なり，大人の目線が子どもに近く，「親切」で「深い注意」があることに驚嘆したようである。

　その同じ日本で，1952（昭和27）年の婦人雑誌に「子を売る親を罰せよ――児童福祉法の新判決」という記事が載る（戦災孤児が地方の農家に売られるなどの「**人身売買**」が1948（昭和23）年12月から1951（昭和26）年の6月までの間で，2,677名）ことをどのように考えればよいのだろう。今この記事を読むと「残酷」だとか「意識が低い」などと感じるのも無理はないが，戦前までは，生活の窮迫のなかで親が子どもを裕福な商家などに，子どもを生き延びさせるという意味でも，労働力として安価に提供するという慣習は残っていた。1951（昭和26）年の世論調査では，子どもの人身売買について「ぜったいにわるい」が20％，「わるいが，子どもにとってその方が幸福なら仕方がない」が51％，「よくないが，家が困ればしかたがない」が20％，「かまわない」が9％，という結果だった[7]。わずか60年余の間で，人権的な思想が浸透し，子ども観が大きく変わってきたことがわかるだろう。

　現代人の視点からすると，子育てをめぐる問題といえば，虐待，学級崩壊，などが頭にまず浮かんできて，「今の親（子ども）は…」「現代の教育は…」と，今が最悪の時代であるかのように感じてしまう。たしかにそのような危機感をバネに現代の教育や保育の問題を追究することはとても大切なことだ。が，だからといって，江戸時代前後の日本人庶民の子ども観，保育観のなかに，大人の子どもへの温かいまなざしを見出して「昔の日本はよかった」とか「欧米よりも進んでいた」などと言ってみても，その背景には，現代人には予想もつかないほどの，人権的な発想，社会的な観念などの隔たりがあることも確かである。子ども観や保育観を，時代や文化のなかで捉え，そのなかで，今の自分が抱いている「あるべき子育て」のイメージ，「理想的な子ども像」などを疑ってみることが重要である。

（2）子どもの「一人一人」とかかわること

　保育所に子どもを通わせているある母親から，保護者会の感想を聞いた。「担任の先生が，うちの子のクラスの最近の様子について，『落ち着いて生活できるようになった』とか，『子ども同士のかかわりが出てきて助け合う姿もみられるようになった』とか，全体的な話をしてくださるんだけど，どうしても『うちの子はどうなんでしょう，そのなかに入っていますか？』っていちいちききたくなるのよね。こういうのって自己中心的なのかしら…」。担任の先生が保護者会という場で，クラス全体の近況報告をしながら，仲間と育ち合う子どもたちの姿を保護者に伝え，園で生活する意味を理解してもらいたいと考えるのは当然であろう。しかし一方で，保護者が「うちの子は？」と気になり，ちゃんとわが子も育っているのかと気になるのもよくわかる。日々の送り迎えのときや，個人面談の席などで，「うちの子」の様子は聞けるものの，全体のなかに「うちの子」を位置づけ，成長を喜んだり，育ちについて考えたりというのは，保護者にはなかなか難しいということも理解しておきたい。

　保育・教育実習の場で，学生が保育者からよく受ける注意で，「一人の子どもと遊んでいても，いつも意識は全体に向けていてください」というのがある。そう言われると学生は，目の前の子どもとかかわっていても気がそぞろになってキョロキョロしてしまい，目の前の子どもに丁寧な応答ができなくなることが多い。熟練した保育者は，一人の子どもと話をしていても，別の子どもがふとかかわってきたりモノを手渡しに来たりすると，流れのなかで自然に対応しているように見える。「一人の子どもに向かっていても，身体は全体に開かれている」という感覚だ，という保育者の言葉を聞いたことがある。

　幼稚園教育要領において，「幼児一人一人」という表現が繰り返し出てくる。「幼児の生活経験がそれぞれ異なることなどを考慮して，幼児一人一人の特性に応じ，発達の課題に即した指導を行うようにすること」とか，「教師は…中略…幼児一人一人の活動の場面に応じて，様々な役割を果たし，その活動を豊かにしなければならない」などである。「一人一人」と類似した表現に「個」というのがある。「個」は「集団」との対比で使われることが多く，集

団を構成したり，集団を分けた一単位として「個」はある。小学校以上になると，集団としてまとまりのある生活をするために「個」を育てるという考え方が強くなっていくが，幼児期においては特に，まとまりのある集団を作るために「一人一人」が「その人らしく」あることが阻害されることがあってはならないのである。小学校以上になっても，「個」の前にまず基盤としての「一人一人」（その人らしいこと）の経験が尊重されるべきことは変わらないのだが，幼児期においてそれは発達段階としてより重要である。自らの生きている世界への基礎的な信頼感を育て，そのなかで自分らしさを発揮していく自信を獲得し，また友達をも「一人一人」として尊重していける姿勢を育てていくことになるからだ。

（3）保育者の主体性と省察

　保育は相互性である。子ども「一人一人」を受け止め理解するためには，保育者の「一人一人」も発揮される必要がある。保育者のチームワークのなかで「個」も大切だが，真に主体的な保育者であるためには，「一人一人」のその人らしさが発揮されることが欠かせない。保育者は，外向的で朗らかであればいいというわけではない。静かで言葉少ない人もいてほしい。その人らしくあって，子どもの「一人一人」を受け止められる人が，子どもとお互いに気持ちを受け取り合える関係を築けるはずである。しかし，「自分らしくある」というのは，大人になるほどにむずかしくなる面がある。保護者との関係，職場との関係，保育の理論，社会的常識などとの関係に，いつの間にか絡め取られて，自分の本当に感じていることがわからなくなったり，感じ続けることに疲れてしまって逃避したくなったりするからである。その時代のマスコミが流している情報に身を任せてしまうとういことも，この情報化社会の大きな落とし穴である。

　そのようななかで，共通の状況を体験している同僚や，職場を越えた保育者仲間で「心を開いて」話し合ったり，保護者と話したりすることができると，「自分らしさ」を繰り返し再発見しながら，保育を進めていくことができる。

また，そのような自分自身と（記録を書いて）対話していくことが非常に重要で，保育の日常を惰性（だせい）から救ってくれる。

　人や自分と対話すること，子どもとの生活を振り返ることが，普段当たり前に思っていること，「そうでなくちゃ」と思い込んでいることを省察に誘う。それはまた，保育者の最低限かつ最高の責任である。

> **討論のテーマと視点**
>
> ① 「家庭」の養育と「園」の養育は，どこが違い，どこが共通なのだろうか。
> ② 幼稚園教育要領の「第1章　総則」のなかに「生活」という言葉が何回出てくるか数えてみよう。そして，その一つ一つの意味を汲み取って読んでみよう。
> ③ 保育における「生活」と小学校教科の「生活科」とはどのように違うのか考えてみよう。

■引用・参考文献
1）倉橋惣三：幼稚園真諦，フレーベル館，1976（原著は1956）
2）泉千勢・一見万里子・汐見稔幸編：世界の幼児教育・保育改革と学力，明石書店，2008
3）藤野敬子「子どもにふさわしい園生活の展開とは」，森上史朗他監修：保育方法・指導法の研究，ミネルヴァ書房，2001，p.103
4）アリエス（杉山光信・杉山恵美子訳）：子供の誕生，みすず書房，1981
5）原ひろ子：子どもの文化人類学，晶文社，1979
6）山住正己・中江和恵編注：子育ての書1，平凡社，1976，p.4
7）神崎清「子を売る親を罰せよ―児童福祉法の新判決」，『婦人公論』1999年臨時増刊1/15号に所収，pp.54-65

第3章
保育実践と保育者

1. 幼稚園における子どもとのかかわり

(1) 担任保育者として子どもと出会うとき
1) 信頼関係を育む

「担任として学級の子ども達一人ひとりと信頼関係を築くために，あなたはどのようなことを心がけますか」。

そう問われたら，「子どもの気持ちに寄り添って理解する」「子どもの気持ちを受け止め，やりたいことができるように援助する」「子どもの立場に立って，今してほしいことを考える」等，今まで学んだことをもとにすぐに答えることができるかもしれない。

しかし，35人の学級であれ，20人の学級であれ，一人ひとりの子ども達の気持ちに寄り添い，求めていることを理解し，今必要な援助をすることは，口で言うほどたやすいことではない。ましてや，「こうすればよい」というマニュアルがあるわけではなく，担任として，一人ひとりと出会うことができて初めて，信頼関係は育まれるのである。

出会うとは，朝「おはよう」と言葉を交わし，目と目を見交わしたときに，あるいは，そっと肩を抱き，手をつなぎ，膝の上に抱くなどした折々に，子どもの心もちにふれることである。文字通り，自分から心を開いて子どものところに出かけていって，子どもの心に会うのである。言葉にならない不安や寂しさ，言葉にできない願いや欲求，全身で表す喜びやうれしさ，怒りや悔しさ…。そうした心もちにふれ，心と体で応えようとするときに，子どもは保育者

に対して信頼を寄せてくるのである。
　一人ひとりの子どもと出会い得る心身の状態を準備することは，保育の専門家として第一に心がけたいことである。

2）学級のなかに居場所をつくる

　保育者との信頼関係を基盤に，安心して園生活を送れるようになるためには，学級のなかに自分の居場所があることが大切である。

　入園式の日，あるいは1学期の始業式の日，初めて出会った子ども達一人ひとりのために居場所を用意することから，担任としての仕事が始まる。子どもの顔を思い浮かべ，好きそうなおもちゃや絵本を用意する，ままごとコーナーを整える，描いたり作ったりできる素材を用意する，体を動かして遊べる環境を整えるなど，何か1つでも手にとって遊べるもの，どこか1か所でも気に入って過ごせる場所ができるよう，心を砕く。

　そして何より大切なことは，保育者がどっしりとその場に居るということである。コーナーごとに誰が何をして遊んでいるか見回って歩く必要はない。自分から遊び始めた子どもを見守り，園庭に出て行った子どもは外にいる保育者を信頼して任せ，今不安な気持ちでいる子どもとじっくりと腰を据えて遊ぶことが，一人ひとりの居場所をつくることにつながっていく。

　ただし，「じっくりと」というのは，2人きりの，あるいは，数人の子どもとの世界に閉ざされることではない。保育室全体が見渡せる場所に座り，窓の外にも，廊下にも目をやり，心を配る。園庭から帰ってきた子に「お帰り，楽しかった？」と声をかけ，一緒に遊んでいる子どもに「○○ちゃん，～してきたんだって」と紹介したり，出て行く子どもに「行ってらっしゃい」と声をかける。そのようなかかわりが，保育者のそばで過ごしている子どもにとっても，今を安定して過ごしながら，友達への関心を広げることにつながっていく。

3）1日の生活の流れをつくる

　保育者が心を砕いて用意した環境に居場所を見出して過ごせる子もいれば，いつまでも不安顔で保育者のそばから離れない子もいる。さまざまな状態にある子ども達が，1日も早く園の生活に慣れ，安心して自分を出せるようになっ

てほしいと願う。

　そのためにも，子ども達に無理のないように毎日の流れをつくっていくようにしたい。朝の支度や片づけの仕方，お弁当の手順，集まりのときの約束や帰る支度の仕方など，毎日同じように繰り返すことで，方法がわかり，見通しをもって動けるようになる。そのことが，安心して生活できるようになることにつながっていくのである。

　初めて園生活を送る3歳児，2年保育の4歳児はもちろん，担任が替わったときには，子ども達は新しい担任と一緒に，新しい生活の流れをつくり直していかなくてはならない。できていたことができなくなったり，とまどったりするのは当たり前である。進級した子ども達を担任するときには，これまでどのようにやってきたのかを聞きながら，新しい学級での生活の流れをともにつくっていく姿勢を忘れないようにしたい。

　その際，「片づけましょう」「手洗い・うがいをしましょう」「お弁当の支度をしましょう」とその都度声をかけるのではなく，「自分の片づけが終わったら，どうすればいいかな？」と子どもに投げかけ，「落ちているゴミを拾って，お部屋がきれいになったら，手洗い・うがいをして，みんなでお弁当にしましょう」と，2つ，3つ先のことまで声をかけることで，子ども自身が見通しをもって自分なりに考えて動けるようになる。いくつぐらい先まで声をかけるかは，年齢や時期，学級の実態に応じて考えなくてはいけないが，早め早めに声をかけ，ゆとりをもって一つひとつ丁寧に確認しながら過ごせるよう心がけたい。

4）友達と遊ぶ楽しさを味わえるようにする

　入園後間もない頃，あるいは進級して担任が替わったときなど，保育者のそばで過ごしていた子どもが，少しずつ行動範囲を広げ，保育室から廊下へ，園庭へと行動範囲を広げていくのは，乳児が母親の膝から下りてハイハイを始めるのに似ている。特に，3歳児では，保育者が母親に代わって信頼できる人になり，幼稚園が安心して探索できる場所になった証である。

　一口に「友達と遊ぶ楽しさ」といっても，3歳児，4歳児，5歳児で友達と

のかかわり方や楽しさの内容は異なる。しかし，子ども達の思いや考えをつなぐ保育者の果たす役割が大きいことに変わりはない。「つなぐ」とは，例えば遊具の取り合い等，緊張感の走る場面をもちこたえ，友達と同じ場にいることが心地よいと感じられるようにする，「入れる」「入れない」のやりとりやイメージの違いを調整しながら，友達と自分とは，思いや考えが違うことに気づかせていく，違いを受け入れ，認め合い，力を出し合って遊べるよう，仲間になって一緒に遊ぶ等の援助であり，年齢や発達によってつなぎ方も変化する。

共通に言えることは，他者の存在を心地よく感じる経験を積み重ねていけるように援助することによって，他者への信頼感を育んでいくことが大切であるということである。

5）学級のみんなで遊ぶ楽しさを味わえるようにする

身近な友達と遊ぶ楽しさを味わえるようになった子ども達に，もっと大きな集団での遊びを提供するのも保育者の役割である。地域での遊びの伝承が難しくなってきた現代において，幼稚園は大勢で遊ぶ楽しさを味わえる貴重な場である。

みんなで絵本を見る，みんなで歌ったり踊ったりする，みんなで鬼ごっこやリレーやドッジボールをする，みんなで劇遊びや合奏をする等々，好きな遊びで取り組んだことを学級に広げることもあれば，学級のみんなで一緒に取り組んだことがきっかけで，自分達の遊びになっていくこともある。いずれにしても，保育者が子どもの興味・関心，発達に合わせて，今経験させたいこと，育てたいことを考え，子ども達に伝えていかなければ，自然発生的には生まれてこない遊びである。

保育者が学級のみんなに伝えた遊びのなかで，子ども達が繰り返し楽しみ，自分たちの遊びにしていく遊びがある。保育者がいなくても，友達と誘い合って遊び始め，いつの間にか学級のほとんどの幼児が参加していることも稀ではない。それが，鬼ごっこの年もあれば，リレーの年もある。幼稚園時代を振り返ったとき，誰もが「よく～をして遊んだよね」と懐かしく思い出すような遊び，保育者が提示したいくつかの遊びのなかから，その年の子ども達が自分達

で選び取った遊びである。このような遊びは「学級の宝」である。それほどまでに遊び込むことができる遊びを提供し，そうなるまでの過程を一緒に楽しむことは，学級担任としてのやりがいであり，喜びである。

(2) 保育者がともに遊ぶとき

子どもには，自ら必要な経験を自ら選び取っていく力がある。子どもが自分から始めることには，その子の成長にとって意味がある。だからこそ，保育者には，子ども達が今必要な経験を十分にできるよう，一人ひとりを理解し支えていく力が求められる。保育の最中にはその意味がわからなかったとしても，心と体で応えつつともに遊んだことを後から振り返ることで，子どもにとっての経験の意味が見えてくる。

> 【事例3-1：子どもから誘われてごっこ遊びのお母さんになる】
> 年長組に持ち上がって1か月がたった5月のある日。アヤカから「お母さんごっこしよ！」と誘われる。
> 「M先生（筆者）がお母さんで，アヤカは生まれたばかりのティラノザウルスの赤ちゃんね」と言うなり，「だっこ，だっこ」と甘えてくる。大型積木で家を作って住んでいると，興味をもった他児が食べ物を運んでくる。「さあ，ご飯ですよ」とテーブルに並べると「アウアウ」とか「アエー」と赤ちゃん恐竜の声を出して食べ物をぐちゃぐちゃにつかんでは，全部ひっくり返す。「あらあら，しょうがないわねぇ」と並べ直し，「赤ちゃんも一緒に食べましょう」と言っても，すぐにひっくり返す。何度も繰り返すその動きは，まさに離乳食を始めた頃の赤ん坊そのもの。
> そんな筆者達のやりとりを見て，ユウキが「入れて」と入ってきた。ユウキも「赤ちゃんになりたい」と言う。
> その後，アヤカは，自分から「お兄ちゃんになったのね」と成長したことを宣言し，ユウキの面倒を見始める。しばらくお兄さん役をした後，「アヤカ，お父さん恐竜ね。赤ちゃんを散歩に連れて行ってくるね」とユウキを連れて出かけていく。

＜この日にいたるまでのアヤカとのかかわり＞

　アヤカは，夏に2人目の弟が生まれ，「弟の世話をしなくちゃいけないから大変なんだ」と大人びたことを言う一方で，担任に飼われるライオンや鳥，恐竜になりたがった。筆者は，ペーパーの芯(しん)で哺乳瓶を作ってミルクを飲ませたり，園庭に行くときもおんぶやだっこで連れて行ったりした。「うちの赤ちゃん，本当に大変なんですよ」と言うと，本当にうれしそうな顔で，すっかり脱力して，全身を預けてきた。

＜保育者の役割＞

　筆者は，アヤカの家庭環境から，アヤカが赤ちゃんになりたいという憧(あこが)れをもちつつ，一番上のお姉ちゃんとして母親に十分に甘えられないでいるのだろうと理解した。この理解が，正しいか正しくないかということはここでは問題ではない。保育者としてそのように理解したことから，今この子に必要なのは，十分に甘える体験をすることだろうという援助の方向が決まり，アヤカを赤ちゃんとして扱う，すなわちお母さん役としてどんなことをしても受け止めるという保育者としてのかかわりになっていったのである。

　もちろん，保育中にこのように理路整然と考える余裕はない。考えつつ動き，動きつつ考えたことを後から思い返すと，このように理解して動いていたのだろうと自分自身が理解したということである。

　果たしてアヤカは，この30分ほどのごっこ遊びの間に，世話を焼かれる赤ちゃんから世話を焼くお兄さんへ，そして保護者であるお父さんへと成長していった。そこには，はいつくばって「アウアウ」と言っていた姿はなく，すくっと背筋を伸ばし力強い足取りで出かけていくアヤカの姿があった。このような劇的な瞬間に立ち会えるのは，じっくりと腰を据えてこの子と付き合おうという構えがあるときである。

　保育者には，ごっこ遊びの役を担いながら，その子が抱えている課題を乗り越えていけるような援助を求められるときがある。その際，家庭環境や生育歴，友達関係など，考慮すべきことはあるが，何より今，目の前の子どもの姿をよく見て，今，求められていることに心と体で応えることが第一である。

【事例3－2：子どもの遊びに入れてもらう】

　4歳児が「ネコとネズミ」の鬼ごっこをしていた。ここ何日か大勢で繰り返し楽しんでいたが，この日はネコが1人にネズミが3人。そのうちネコのリョウタが「やーめた！」と帽子を脱ぎかけた。通りかかった筆者は思わず「入れて！」と声をかけた。「いいよ，先生ネコ？」「うん，ネコになる！」「先生，ネコに入るって」と大声で叫ぶとリョウタは帽子を被りなおした。

　「よーい，ぴっ！」と叫んで，ネコもネズミも陣地から飛び出した。しかし，ネズミはすぐに自分の陣地に入り込んで出てこない。「弱虫ネズミ，出ておいで！」とはやし立てるが，なかなか出てこない。そのうち，リョウタが「やっぱ，ネズミになる」とネズミチームに鞍替えした。

　筆者は，ネコの陣地で寝るふりをしてネズミをおびき寄せ，ダッシュで飛び起きコウジをつかまえた。コウジが「誰か助けてー」と叫ぶ。筆者はネズミの陣地のすぐ側まで行き「弱虫ネズミ，出ておいで！」「勇気があるなら助けに来い！」とはやし立てた。リョウタはコウジを助けようと何度も飛び出しては捕まることをおそれて陣地に駆け戻り，「はーっ」と息を吐く。その様子を保育室から見ていた担任が「リョウタくん，がんばれ！」と窓から叫んだ。「わ，あんなところから見てる！」とうれしそうな顔をしたかと思うと，意を決したかのように陣地から飛び出した。筆者は一瞬追いかけるのを待ち，リョウタがコウジの手を握るのを見届けた。「あぁ，リョウタくんに助けられちゃった…」。悔しがる筆者の横を2人は手をつないで走り去り，リョウタは「よっしゃー！」と雄叫びをあげた。

＜この日にいたるまでのリョウタの姿＞

　体を動かすことが大好きで，いろいろなアイディアを出して友達と誘い合って遊ぶ一方で，自分の思い通りに遊びを進めていこうとしたり，自分より力の弱い友達に強い態度や口調で命令したりする姿が気になっていた。

＜遊びに入るタイミング＞

　この日，リョウタはたった1人でネコ（捕まえる役）になっていたが，思う

ようにネズミを捕まえられず嫌になっていたのだろう。帽子を脱いで遊びから抜けかけたところへちょうど通りかかった筆者は，思わず「入れて！」と声をかけていた。子どもの様子から，今求められていることをとっさに判断し，同時に体が動いていた。事例3-1では，子どもからの求めに心と体で応じる大切さについて述べたが，事例3-2では，保育者が子どもの遊びのなかに入っていくタイミングの大切さがわかるだろう。筆者は，これまでのリョウタの姿から，自分の思い通りにならなくても友達と一緒に遊ぶ楽しさを感じてほしいという願いをもっていた。それがとっさの判断につながったのだろうと思うが，そのときは考える暇もなく「思わず」声をかけたのである。

＜保育者の役割＞

この遊びのなかで，筆者は2度，助けに来た子をわざと見逃し，捕まえなかった。特にリョウタに対しては，勇気を出せば状況は変わるということを伝えたくて，担任の励ましに陣地から飛び出した結果が「友達を助け出せた」という成功経験になるようかかわった。

リョウタは，この場面で「悔しい」「友達を助けたい」という思いと「怖い」「捕まりたくない」という思いの間で葛藤を味わい，「思い切ってやったらできた！」という経験をした。鬼ごっこのなかの1コマではあるが，子ども達が葛藤を乗り越える経験をできるかどうかは，保育者のかかわり方にかかっている。仲間に入って一緒に遊びながら，一人ひとりの子ども達が必要な経験を積み重ねていけるよう援助することが求められるのである。

【事例3-3：子どもと一緒に遊び始める】
＜初期の記録＞
　4歳児のときに，折り返しリレーを楽しんできた子ども達に，円形リレーを提案する。最初は保育者が楕円形のコースを描き，数人の子ども達と一緒に走ってみる。狭い園庭ぎりぎりの細長いトラックになり，最初はカーブを大回りするが，1周走れることが楽しい様子で繰り返し並んで走る。保育者も「もっと速く走らないと追い抜いちゃうよ」と声をかけながらぴったり後ろについて走ったり，バトンを渡す直前で追い抜いたりしながら全力で走る。

弁当後，コースが消えていたが，自分達でラインカーを持ち出し，ほぼ円形のコースを引く。ぐるぐる走り回って見ている方は目が回りそうだが，バトンを渡しエンドレスで楽しんでいる。その円形も消えてしまうと，今度は，アメーバのようにグニャグニャの線を引き，その通り走ろうとするが，複雑な形を走りきれず途中をとばして走り，アオイが「ずるーい」という声を上げる。最後は，どこがコースかわからなくなり，みんな自分なりの感覚で円を描くように走り始める。

＜中期の記録＞

毎日リレーを楽しんでいるうちに，相手を追い抜きたいという気持ちが出てきて，速く走ろうとするあまり円の内側を走ってしまうことが出てきた。そこで，ミニコーンを30個ほど購入し，円の内側に並べてみる。その後，自分達で円を描き，ミニコーンを並べてリレーを始めるようになる。最初は，30個を1か所にきっちり並べ過ぎて円周に足りなくなっていたが，繰り返し遊ぶなかで，カーブを中心に適当な間隔で並べ始めるようになった。

＜後期の記録＞

運動会の前後，4歳児が，年長組の真似をしてリングバトンをもって円形のコースを走り始める。年長児のチームに入れてもらってゼッケンを着けて走っていることもあれば，年長児がいないときに，かすかに残ったラインの上をぐるぐる回って楽しんでいることもある。

＜この日にいたるまでの経緯＞

事例3－3では，園庭の形が細長い長方形であることから，これまで年長組も運動会では折り返しリレーを行ってきた。今年度初めての試みとして円形リレーに挑戦してみようと話し合い，可能かどうか試しにやってみたのが初期の記録である。その園には伝承されてきた方法があり，伝統と呼ばれる行事もある。しかし，なぜそうするのかを問わずに「昨年通り」行うことは，伝統とは言えない。その年の子ども達の実態に合わせながら，新しい試みを加えていくことに伝統を引き継ぎながらの保育の創造がある。

<保育者の役割>

　リレーに限らず，新しい遊びを提案するときに大切なのは「もう1回やってみたい」と思えるような楽しさを味わえるようにすることである。事例3－3では，筆者は子ども達と競り合って走りながら「負けないよ，悔しかったら抜いてごらん」というメッセージを体で伝えた。年長の子ども達は，「すごいね」「はやいね」とほめられるだけでは満足しない。「今よりもっと速く走れるようになりたい」と思っているのである。どうすれば速く走れるようになるのか，具体的な援助を求めている。そのときに，自分で「こうしてみよう」という目的をもつためには，保育者には憧れの**モデル**となる役割が求められる。

　そのためには手加減せずに全力で走る姿を見せることである。ただし，保育者との信頼関係ができていることが前提である。これまでの生活のなかで，この子は追い抜いた方がやる気がでるのか，追い抜く手前で競り合った方がよいのか，あるいは追い上げて先生を抜いたという経験をさせて自信をもたせたいのか，一人ひとりに応じた援助が必要なことは言うまでもない。

　中期の記録は，リレーの経験を積むにつれ起こりがちな姿である。大人がコースのなかに入って内側を走らないよう注意することもできるが，それでは子ども達が好きなときにリレーを楽しむことができない。自分達でコースを作って遊び始められるよう，ミニコーンを置くことを提案したら，コースの内側を走ってしまうということも減り，「ずるい」と言い合うこともなくなった。

　子ども達が自分たちで遊びに必要なものを用意し，場をつくり，遊び込めるように，**物的環境**を整えることも保育者の大切な役割である。

　後期の記録から，今の4歳児，すなわち来年度の年長児にとって円形リレーは「経験したことのある遊び」になる。来年度の年長組が円形リレーを始めるときには，今年の経験があるという前提での援助になる。その年の実態に合わせて活動や援助の仕方を変えていくというのはこのようなことである。

（3）保育者へのメッセージ

　以下に述べるのは，保育者としての筆者自身の経験と，身近に接してきた新

規採用の保育者や実習生の保育から感じたことをもとにまとめた，これから保育者を目指す方へのメッセージである。保育者を志して勉強を続けている方々が，保育の現場で子ども達とともに生き生きと生活できるよう，応援したい。

1) わからないことをわからないままに引き受ける

子ども達は，思いがけないことを次々とやってのける。その一つひとつを「どうしてこんなに困らせることばかりするのだろう…」と見ていると，誰かに責任を負わせたくなってしまう。「家庭環境が悪いから…」「前の担任が育ててくれていないから…」あるいは，「保育者としての私が未熟だから…」というように。しかし，子どもの行為が一つの原因によって引き起こされると考えることに，どれだけ保育的な意味があるだろうか。

私達は，保育者として今ここで一人ひとりの子どもと出会うことから1日を始めるのである。その子の家庭環境や，これまでの経験について，あれこれ思いめぐらしていたのでは，今のこの子の心もちにふれることはできない。大人を困らせることをするには，本人にもこれとわからないような心の混乱があるのだろうが，それはそれとして，わからないままに付き合いながら，共同の生活を生み出していくところに，保育者としての専門性がある。

2)「何か援助しなくては」「指導しなくては」と考えすぎない

子どもの仲間に入れてもらって一緒に遊ぶことをしないで，見回って歩いている保育者を時々見かける。そのような保育では，子ども達がどのように遊び始め，何を楽しんでいるかがわからないまま，的はずれな「援助」をしてしまうことになりかねない。せっかく自分達で相談し，工夫してきたことが，保育者の一言で台無しになってしまうこともある。

子どもの遊びに入れてもらうときには，「何のためにこの遊びに入るのか」「どのような役割を果たすのか」をよく考え，遊びの様子やタイミングを見て入ることが大切である。鬼ごっこに入る場合でも，安全な場の使い方を知らせるのか，友達と遊ぶ楽しさを十分に味わわせるのか，ルールを共通にしていくのかでは，保育者のかかわり方が変わってくる。仲間として遊びながら，態度や動きで示したり，言葉で伝えたりすることが，生きた援助になるのである。

3）子どもから学ぶ姿勢を忘れない

　保育者は，多くの喜びを与えられる職業であるが，その分，思い悩むことも多く「これでよい」ということのない仕事である。自分の学級の子どもが，打ち込める遊びを見つけられずにいたり，片づけや集まりの声をかけても保育室に戻ってこなかったり，他の学級の子どもとけんかをしたり…ということがあると，どうしてよいかわからなくなることもしばしばである。

　そのようなときこそ，子どもとの生活を夢見て保育者を志した初心に戻り，もう一度子どもの姿をよく見ることに立ち戻ろう。「〇〇ちゃんは今日誰と何をしていたのか」「何を楽しんでいたのか」「どんな経験をしていたのか」というように。気になる子どもの姿を思い浮かべ，「自分はなぜそのことが気になっているのか」と問うてみる。「〇〇ちゃんが集まりのときに戻ってこないのは，何か訴えたいことがあるのだろうか」と考えてみる。

　そのように考えながら記録をしたり，あるいは，同僚や先輩の保育者に自分の考えを話したりしていくうちに，「明日〇〇ちゃんのために〜を用意しておこう」「〇〇ちゃんに〜と声をかけてみよう」ということが浮かんでくる。その子のことを一生懸命に考えているときに，向こうからやってくるような感覚の理解である。言葉を換えれば，「思いつき」とか「ひらめき」という感覚に近い理解である。それは，ある一定の時間を毎日ともに生活してきた保育者だからこその理解であると言えよう。その自分自身の感覚を信じて，とにかくやってみることが大切である。

4）楽しかったこと，うれしかったこと，感動したことを言語化する

　今日できなかったことを反省し，翌日の保育に生かすことは大切であるが，保育者はそれ以前に「よろこびの人」でありたい。子どもとの会話でうれしかったこと，子どもの成長に感動したこと，自分の援助によって遊びが展開した場面，うれしかった保護者からの一言等々，1日保育をすると数え切れないくらいのうれしさや感動に出会っているはずである。ところが，1日を振り返ると，主にできなかったことや問題点が目につき，うれしさや感動を忘れがちになる。

そのようなときこそ，意識して楽しかったこと，うれしかったこと，感動したことを言語化してみよう。書いたり，話したりすることによって，自分自身が元気づけられるのを感じるだろう。保育者の前向きな姿勢は，必ず子どもにも伝わり，保護者にもよい影響を与えることになる。

5）子どもに願うことは自らも努力する

園の教育目標，指導計画の期のねらいや週のねらいを自分の生活に置き換えてみる。子ども達に「このように育ってほしい」と願っていることを職場で自分はできているだろうか。

例えば，次のようなことである。

- ○「元気にあいさつをする」→自分から同僚や先輩に気持ちよくあいさつをしているだろうか。
- ○「困っていることやしてほしいことを相手にわかるように伝える」→困ったことやわからないことがあったら，自分から同僚や先輩にアドバイスを求めているだろうか。
- ○「友達の話をよく聞き，自分の思いや考えを伝えようとする」→相手の意見をよく聞いて，自分の意見を言っているだろうか。
- ○「難しいことにも挑戦し，友達と協力してやり遂げようとする」→進んで自分の仕事に取り組み，同僚や先輩と協力して園務にあたっているだろうか。

気持ちよく生活していくために必要なことは，保育室でも職員室でも同じである。子どもの成長を願い心を砕くことのできる保育者の集団だからこそ，同僚や先輩にも同じように気配りができるはずである。保育者同士の連携，育ち合いができる保育環境は，子ども達の友達関係，保護者同士の人間関係にとって何よりのモデルである。そのことを自覚して，日々の保育にあたりたい。

2．保育所における子どもとのかかわり

　保育所は幼稚園よりも開所時間が長い。そのため，**シフト制**で勤務する体制をとることが多い。例えば朝7時からの早番に当たった保育士は午後4時までの勤務となり，担任クラスの子どもが残っていても，午後5時までや7時までの遅番シフトの保育士や短時間勤務のパートタイムの保育士と交代する。午後4時以降は次々と保護者が迎えに来た子どもが帰り，長時間保育の子どもたちはクラスを越えて合同で保育されることになることが多い。

　保育所においても，3・4・5歳では幼稚園の担任のように1人で担任することも可能だが，0・1・2歳の担当となると少人数のクラスを複数の担任で受けもつことが求められる。子どもとのかかわりも個別で濃密な関係となることが要請される。

（1）担任・担当保育者として子どもと出会うとき

　担任とは，クラスを担任するということである。保育所だと，0・1・2歳児のクラスは複数担任制になることが多い。複数担任の場合，特に0歳児では一人ひとりについて，あらかじめ担当者を決めて保育する園が増えている。

　けれども，あらかじめ，担当者を決めてあっても，担当者を子どもが自分から選ぶということが実際には自然に起こってくることがある。

1）子どもと保育者が出会う

　担任保育者が子ども達の前に初めて姿を現すとき，新任であっても経験を積んだ保育者であっても，期待と緊張で心が震える体験をする。子ども達から保育者として自分が受け入れてもらえるかどうかという不安は消えない。この人が担当保育者だと受け入れを決めるのは，保育者である大人ではなく，子ども自身だからだ。子どもが担当者を受け入れてくれるまで，保育者は子どもの一人ひとりとしっかり出会っていかなければならない。

　幼稚園でも入園してきた子ども達のクラス担任は，年度の初め1，2か月

を，一人ひとりの子どもと出会い，相互に受け入れていくために全力で取り組むことになる。多大なエネルギーを必要とするが，保育所の3歳未満児の担任，担当保育者は文字通り一人ひとりの子どもと出会って子どもに受け入れてもらえるよう全力を尽くすことになる。

2）子どもと保育者が相互に相手を受け入れる

　子どもは誰でも担任から誰よりも一番愛されたいと強く願っている。1歳児10名を2名の保育士で担当するような場合でも，子どもは皆，担任を独占したいと願っている。けれども，子ども対保育士の割合が10対2ではその願いがかなわないことが多い。例えば，おむつを替えてもらうのも順番を待たねばならないが，A担任でなければいやだと，健気(けなげ)に順番を待つ子どももいる。そうかと思えば，A担任を望みながら，B担任に替えてもらって早い順番を選ぶ子どももいる。B担任を選んで世話をしてもらううちに，B担任との間に愛着がわいてきて，B担任でなければいやだと，臨時に入った保育士や実習生の世話を拒むこともある。そういうときに，子どもの思いを尊重し，無理に早く終わらせようとしたりせず，「ああ，そうなの」と受け入れると，次の場面で子どもの方から実習生に世話をしてほしいと要求するようになることもある。このようにして，子どもと保育者が相互に相手を受け入れていくようになる。

3）信頼関係を育む

　子どもが要求してきたら，できる限り待たせることなく，その要求に応じていくというかかわりを基本にしていくと，いつの間にか子ども達が保育者を信頼してくれるようになるということが多い。子どもが保育者に要求をしてくるのは，子どもにとって真に必要に迫られているからだということを信じて，速やかに応答していくことを繰り返すうちに，子どもは，この大人は信頼してもよいのだということがわかってくるのだ。子どもの要求が一体何なのかを察知することは，実はそれほど簡単なことではない。とりわけ3歳未満の乳幼児の要求をくみ取ることは，言葉に頼ることができないために一層困難なものになる。言葉を獲得していない0歳児は始めのうち泣くことでしか願いや要求を表現することができない。1歳前後にようやく言葉を発するようになっても，文

章になっていない単語だけの言語表現では,正確に真意を伝えることは難しい。3歳前後になっても,子どもは言葉だけで自分を表現することが十分にできるようにはなっていない。3歳未満の子どもと保育者は,一対一で,全身を使い,五感のすべてを使った,細やかで濃密なやりとりを通じて,相互に信頼関係を育んでいかなければならない。

4）居場所をつくる

保育所で,大人である保育士達より長い時間を過ごす子ども達は,急(せ)きたてられたり追いたてられたりしないで一人になってホッとできる居場所を必要としている。

> 【事例3-4：保育者から見えないところで過ごす（2歳児）】
> 　2歳のマリコは,毎日クラス中で最も長い時間を保育所で過ごしていた。あるとき,マリコが,トイレで用を足し終わってもなかなか戻ってこないことがあった。どうしたのか気になって筆者がトイレを覗いてみると手洗いを延々と続けていた。ドアはないものの死角になって,手洗い場にいる子どもが保育室からは見えないのをいいことに,水遊びをしていたのだった。マリコは見つかってしまったので仕方なく保育室に戻ってきた。
> 　またあるときは,オープン型の子ども用ロッカーのなかにすっぽり入ってしゃがみこみ,呼ばれてもしばらく出てこないことがあった。
> 　そしてまたあるときは,移動途中の廊下から保育室に戻らずそのまま玄関ホールまで行き,物陰や死角を探して担任保育者の目から逃れようとしていたことがあった。

この事例3-4のマリコように,保育者の目を逃れて誰にも邪魔されずに過ごしたいという欲求をもつことは,子どもの自我の成長にとって大切なことである。そこで,担任は目で子どもの居場所を見ることができない場合も,音や気配,他の子どもの言動などの手がかりから,誰がどこで何をしているかを感じ取って,そういう過ごし方を子どもに許容することが求められる。安全に配慮することはもちろん大切だが,そのために管理者の目つきになってしまわないように,子どもの有り様を肯定し,見守るまなざしと声かけを心がけたい。

（2）保育者がともに遊ぶとき

【事例3－5：砂場で遊びたい（1歳児クラス）】
　ビニールプールで水遊びをした後，園庭でいつものようにしている遊びとして砂場で遊ぶ子ども達。砂場は日が陰って涼しい。砂場用のおもちゃを出してもらえることを期待して，ヨシトをはじめ何人かは納屋へ行くが，遊べる時間が少ししかないので，子ども達と砂場に行ったものの保育者達はおもちゃを出さないことにした。筆者はおもちゃが何もなくても遊べることを示そうと思い，落ち葉や小石を見つけて「ご飯」や「おにぎり」「お寿司」と言って子ども達に差し出すと，初めはびっくりしたような顔をしていた子ども達が次々と面白がってやり始める。筆者が食べるまねをすると，それが面白いらしい。まじまじと筆者の顔を見て，また差し出してくれる。午後のブロック遊びでも，いろいろな子が食べるまねをしている姿がみられた。

　当初の計画ではプールで水遊びをした後，子ども達が砂場で遊ぶことは想定外のことだった。汚れを落として服を着せ，保育室で昼食をとるというこの後のスケジュールを考えたとき，砂場用のおもちゃを出して本格的に遊ぶ時間はないという，保育者の判断からである。しかし，ヨシトは砂場で遊びたいと強く思った様子だった。スケジュールも子どもの思いもどちらも尊重したい。では，この子どもの願いをかなえるためにはどうしたらよいかと考えたとき，筆者自身，子どもだった頃の砂場での場面がよみがえった。おもちゃなど何もなかった時代に子ども時代を過ごした筆者は，瀬戸物のかけらや石ころ，木ぎれなどを探し，いろいろなものに見立ててままごと遊びをしたものだった。子ども時代に帰って保育者が子どもとともに遊ぶことによって，「どうしても」と子どもが強く望んだことがかなえられたと考えられる事例である。

【事例3－6：保育者に自分を見てほしい（1歳児クラス）】
　おやつの後，思い思いにいろいろなおもちゃで遊び始める。床の上にブロックを長くつなげて「できた，できた」と喜ぶ子。高く高く積み上げる子。「団子，団子」と歌いながら団子の形にこだわる子。そんな一人ひとりを，面白いなあと思い見ていた隙(すき)だった。ハルカが隣のキョウコに嚙みついたのである。

担任によれば、ハルカは自分自身にも噛みつくのだという。この日も何度かそのような場面があった。この日、自分に噛みついたハルカと筆者の目が合ったのは2度ほどあった。その目が語っていたのは、「私に注目してほしい」ということだと筆者は理解した。「ハルちゃん可愛い」と担任から言われるとうれしい。「ハルちゃんも髪をとかして」と言ってくるのは筆者の注目を浴びたかったのかもしれない。そして、「ハルカのブロックに注目していなかった。こんなに近くにいるのに」ということだったかもしれない。

たしかに筆者は大勢の子の近くにいた。それぞれがどんなふうに遊ぶのか興味をもって見ていた。そのとき、ハルカがキョウコに噛みついたのである。泣いているキョウコが大人達の注意を引いているときに、ハルカは自分の手を噛んで筆者の方を見た。筆者はハルカの手を見て、ふうふうと息を吹きかけた。

ハルカは大人達に問いかけている。ハルカの一番好きな保育者は、噛みつかれて泣いているキョウコが独り占めしている。筆者ではなく、その保育者に注目してほしかったというのがハルカの本当の気持ちなのだろう。

【事例3-7：保育者が介して2人の願いがつながる（5歳児クラス）】

5歳児のヒロキが砂場で葡萄棚にも届く大きな山をつくりたいと言いだした。そばにいたサエコは「そんなの無理だ」と応じた。それでもヒロキは「1人ではできないから誰かに手伝ってほしい」と言い続けている。そこで、筆者は山をつくる手伝いをした。

スコップがなかったので、手で少しずつ山をつくっていった。すると、今度はしっかり固めるのだと言って山を叩き始めた。あまり強く叩くので山が崩れそうになる。そうするうちに、もう高さにはこだわらなくなって、トンネルを掘りたいと言い出した。トンネルは慎重に掘らないと崩れてしまうから、深く斜めに掘り進める。ヒロキがどんどん掘り進めていると、そこへマナミがやってきて、マナミもトンネル掘りをしたいと言いだす。ヒロキは筆者がやめてしまうのを恐れてだめだと言うが、筆者はマナミが掘った砂を脇へよけて手伝うからと、手を休めずに言う。そうするうちに、マナミとヒロキ2人の指が触れ合った。トンネルの貫通だ。マナミはつながったと言って飛び上がって大喜びする。ヒロキもトンネルができて喜びマナミともつながることができた。

マナミは皆から好かれており，男の子達の人気も一番だ。人とのつながりをつくるのは得意な子どもだ。きっと何回もトンネルを掘って，友達とつながった体験をもっているのだろう。それを予期して参加してきたのだと思われる。

ヒロキの「大きな山を…」という望みから始まった山づくりは，筆者がかかわって遊ぶことによって，いつしか人とつながりをつくることに成功する体験となった。大人がかかわって支えてくれることで，始めは途方もないような願いだったものが，参加してくる友達を受け入れ，成功の瞬間を分かち合う喜びの体験となる。

事例3-5では，1歳児クラスの幼い子ども達がいつもと同じように砂場では砂場用のおもちゃが出てくるものと期待して，それが出てこない事態に抵抗する子どももいたが，筆者がかかわって，こんなふうに見立てて遊ぶこともできるよとやってみせることで，新たな遊び方が受け入れられ，子ども達に共有され，確認されていった。

事例3-6では，筆者が一人ひとりの子どもについて面白い遊びを展開しているなと思って見ていたところ，その筆者に注目し，自分にもそのまなざしを向けてほしいという要求を，始めは注目されている子どもに噛みつくことで，次は自分自身に噛みつくことで表現してきた子どもの事例である。筆者はその要求を理解して噛みつかれた子にするのと同じようにふうふうと息を吹きかけることによって子どもの思いに応えた。

事例3-7は，年長の子どもなので言葉でも説明しながら，筆者は最後まで一緒に遊ぶよということを伝えて裏切らないことを示し，なおかつ友達とも一緒に遊ぶことが筆者を独占することと両立できることを示すことができたという事例である。

保育者が子どもの要求に応えて同じ場所にとどまって，じっくりと子どもと一緒に遊ぶことはとても大切である。事例3-6のように実際には遊びに見えなくても，保育者として子どもの要求に応えて，子どもの思いを理解し肯定するというかかわりである点は変わりがない。

（3）子どもとともに生活する一人の人間として
1）子どもの願いや望みに気づくこと
　先の事例3－6では，ハルカが自分の手に噛みつくわけを担任保育者の1人はまだ理解していなかった。保育者はたいてい噛みつかれた子どものケアを優先する。噛みついた子どものケアは後回しになることが多い。1歳児では，なぜ噛みついたのか大人にわかるように言葉で説明などできない。噛みつかれた子どもが先に何かをしたために，そのことに腹を立てて噛みついたのかも知れないが，保育者が誰もその場面を見ていないこともある。

　噛みついた子どもは，噛みつかれた子どもが受けている手当を見て，自分に噛みつき，自分もこんなふうに傷ついたのだから手当をしてほしいのだと訴えたかったのだ。子どもの願いや望みに気づくためには，子どもをじっくりと見つめることが大切だ。事例3－6のように目と目が合ったときに，子どもは目で私たちに思いを訴えていることが多い。

2）子ども時代に帰る
　事例3－5において，筆者の子ども時代の記憶がよみがえり，そのことで子どもの望みをかなえることができたことを示した。子ども時代の記憶がよみがえるとき，目の前にいる子どもと同じ地平に立ち，対等な仲間としてその瞬間を生きる体験をする。子ども時代の記憶は，抽象的な言葉よりも，個別的・具体的な身体，姿勢，運動のイメージとして刻まれている。子どもと実際に同じ動きをしてみると，身体運動のイメージとともにその当時抱いていた感情がよみがえる。そのため，今，目の前にいる子どもの思いが瞬時に理解できるような納得の仕方をするのである。子どもがしゃがんでいるのと同じように自分もしゃがみ込み，同じことをしてみると，具体的な動き，感触，匂いなどの感覚が，それに伴うさまざまな思いを一気によみがえらせてくれるのである。それによって子どもへの共感と理解が急速に深まることになる。

3）子どもから世話される
　幼い子ども達は大人の世話を必要としているが，いつも世話をしてほしいと思っているわけではない。

【事例3−8：子どもから世話を受ける（1歳児クラス）】
　3月末のある日，ヨウジはご飯を食べ終えて時間をもてあまし気味だった。筆者は，ヨウジの手や顔を拭いてやったり拭くように言ったりするのを控えていた。しばらくして「私の口も拭いて」と筆者が言うと，ヨウジは喜んで上手に筆者の口のまわりを拭いてくれた。

　ヨウジが上手に筆者の口のまわりを拭いてくれたとき，子ども達のお世話をするどころか，自分がいずれ，この子達の世話を受ける人になるかもしれないことを思った。世話を受ける人になることは，保育者が子どもとの間に平等感や相互性を実感するために，とても大切な関係のあり方なのだ。張り切って何でも子どものために「してあげよう」とするばかりが保育者ではない。1・2歳児でも世話を受けることをいつも喜ぶわけではないし，ときには断固として拒否することもある。世話の焼きすぎには注意しなければならない。

【事例3−9：夕焼けを見る（1歳児クラス）】
　1月末のある日，クラス全員で夕焼け雲，沈む夕陽を何度も見た後，シフトにより午後4時から交代する保育者が現れたので筆者と担任保育者がエプロンを外すと，子ども達は2人とも帰ってしまうことを悟り，びっくりした顔で口々にバイバイをし始める。何度もバイバイのやりとりをして別れを惜しんでいると，ケイタが筆者の頭をシャンプーするのだと言って髪におもちゃを押し当て筆者の髪をクシャクシャにする。座っていた筆者はケイタが背後に回り込めるように，後ろの空間を空ける。ユミがケイタとは反対側からまねをしてシャンプーごっこをし始める。2人とも少し痛いくらいに力を込めておもちゃを押し当て，シャンプーしてくれる。2人の納得がいくまで好きなだけやってもらった。

　4月から10か月間，ともに生活してきた仲間として，この日事例3−9のクラスには不思議な一体感が生まれていた。その日の終わりに近い夕暮れ，担任が夕焼けになっていることを知らせると，その言葉がけを無視するような子は1人もいなかった。自分の遊びを続けながら入れ替わり立ち替わり刻々と移ろいゆく夕空と入り陽を何度も往復してベランダの側へ見に行くのだった。
　子ども達は「担任保育者の言葉を1つも聞き漏らさないぞ」という，よい意

味での緊張感をもち，落ち着いて自信に満ちた姿をしていた。けれども，担任保育者のシフトが早番だったため，唐突に別れの時間が来てしまった。子ども達は誰も泣いたりせず覚悟のできた挨拶をしたので，筆者の方がびっくりしてしまった。筆者達が謝らなければならない気持ちだった。そんな思いをも子どもは遊びに変えて，筆者の頭を洗って清める儀式にしてくれたのだった。

　世話は受けるだけでもするだけでもなく，誰もが他人を思いやり助けたり助けられたりして平和に暮らすことの大切さを心から感じることができる。保育者とは子どもとともに，そういう生活をつくる人のことである。

3．幼保連携型認定こども園における子どもと保育者

　ここでは，幼保連携型認定こども園に移行して2年目のある園を例に，保育所と幼稚園の機能を併せ持つがゆえの，園での子ども達の姿を見ていきたい。

　この幼保連携型認定こども園では，9時から14時までの基本となる保育時を園で過ごす3〜5歳児（1号認定児）と，その前後7時30分〜8時30分，14時〜19時頃までも含めて長時間を園で過ごす3〜5歳児（2号認定児），0〜2歳児（3号認定児）がともに生活している。園で過ごす時間の長さや在園期間の長さの違う子ども達が，互いによい影響を与え合ってともに生活できるような配慮が保育教諭に求められている。また，子ども達の姿に表される行動の意味について発達の見通しも含めて保護者へ説明しながら，保護者とともに子どもを育んでいく保護者支援も必要となっている。

【「夏休み」「冬休み」等の長期休業明けの1号認定児と2号認定児】

　長期の休みを家庭で過ごす3歳児組の1号認定児達は，家族とのかかわりが増え，休み明けにはトイレでの排泄ができるようになるなどの姿がみられた。しかし，登園時には母親と別れがたく泣いている子どももいる。長時間保育の2号認定児は，長期の休みもいつもと変わらずに登園してきている。また，長期の休み期間中は混合保育を通して異年齢児とかかわりが多いため，3歳児では自然に語彙数が増えたり，遊びの幅が広がったりといった様子がみられた。

【園での生活時間が長い2号認定児】

　園で長時間を過ごす2号認定児は，園で力を使いきってしまうためか，降園後の家庭で，園では一人でできていることも親にやってもらいたがる姿や泣いて親にやってもらうなどの姿，こうしたらどうなるかと親の目を気にしながら行動する姿などがみられる。3歳児組の担任保育者は，そのような子どもへのケアやかかわり，保護者とのかかわりを大切にしている。

【保護者同士のかかわり】

　短時間保育の1号認定児は，基本的に登降園の時間が決まっていて，保護者同士は日々顔を合わせて交流することがあるが，長時間保育の2号認定児の保護者とは，登降園の時間が異なるため，顔を合わせる機会があまりない。そのため，1号認定児，2号認定児の保護者同士のかかわりを意識して，年2回保護者会を開催して保護者相互のコミュニケーションの場としている。

 討論のテーマと視点

① 子どもと遊んだ場面で，①子どもとの間で何を感じ，②どのようにかかわり，③どのような反応があり，④その後どのような変容がみられたか，思い出す限り細かく記録してみよう。
② 記録を他の学生と交換して読み合い，気づいたことを話し合おう。

■参考文献

- 倉橋惣三：育ての心，フレーベル館，2008
- 津守真：保育者の地平，ミネルヴァ書房，1997
- 保育研究グループ"はるにれ"：「保育園体験記（おばあちゃん先生がいく）その2」，はるにれだより第27号，2000
- 保育研究グループ"はるにれ"：「保育園体験記（おばあちゃん先生がいく）その3」，はるにれだより第28号，2000
- 保育研究グループ"はるにれ"：「保育園体験記（おばあちゃん先生がいく）その4」，はるにれだより第29号，2000

第4章
豊かな環境をつくる保育者

1. 環境と保育

　保育が"環境を通して"行われることは，幼稚園教育要領や保育所保育指針はもとより，幼保連携型認定こども園教育・保育要領においても明記されているので，保育を学びだした人達には周知のことであろう。しかし，例えば保育を知らない人から「保育でも"エコの環境"について学ぶんですか？」などと尋ねられたら，皆さんは即答できるであろうか。

　本章では，保育内容としての"環境"について理解するとともに，その環境をつくり出す保育者および保育の展開・評価について考えていく。

(1)「環境を通しての保育」の意味

　入学して，授業に"環境"という科目名を目にした学生から，「環境という授業は，いま社会で問題になっている環境汚染や環境破壊について勉強する授業ですか？」と聞かれたことがある。たしかに，今まで学んできた小学校以上の教科では，グローバルな視点から環境破壊や環境汚染についての問題を考える環境教育が取り上げられてきた。

　"環境"の意味を広辞苑で調べると「四囲の外界。周囲の事物。特に，人間または生物をとりまき，それと相互作用を及ぼし合うものとして見た外界[1]」とあり，自然的環境と社会的環境とがあることが記されている。生物の存続からみた場合，私たちは"外界"として広大な環境によって支えられている。そのような環境の影響を，生物体の存続という大きな視点から捉えた場合が，

今，グローバルな問題として取りざたされている広義な環境なのである。

　では，保育内容としての環境はどのようなことなのであろうか。ひとことで言えば，「環境か？　遺伝か？」などと取りざたされ，広辞苑の用法例として「恵まれた――に育つ」をあげられているような，その人の生育過程に影響を及ぼしていく外界をさし，人間その他の生物が育つ過程をも示している。

　もちろん，社会生活を営む上で，ごみの捨て方（分別方法）や，環境汚染，環境破壊につながる教育も保育のなかでは行われている。しかし保育の"環境"とは，**かかわることによって，発達に必要な体験や経験が得られるように意図的に子どもの生活のなかに埋めこまれていく環境**である。子どもがそのような環境に出会ったとき，子どもの能動性が発揮され，好奇心や探究心をもって主体的にかかわり，環境との相互作用を繰り返しながらさまざまな経験や体験を繰り広げていく。こうした保育が，「環境を通しての保育」なのである。

(2) 保育の「環境」とは何か

　では，幼稚園や保育所，認定こども園における環境とは，具体的にどのようなことなのだろうか。保育における環境としては，物的環境，自然環境，社会的環境，人的環境などに分類して述べられることが多いが，ここでは，「ハードとしての環境」，「ソフトとしての環境」という視点から考えていこう。

　園舎の外の**ハードとしての環境**には，①固定遊具，②砂場，③樹木・花壇・畑，④池・飼育小屋などの園具・教具・遊具がある。また，⑤玄関，⑥保育室，⑦遊戯室，⑧園長室・事務室，⑨トイレ・洗い場などは，園舎内にある「ハードとしての環境」である。

　一方，**ソフトとしての環境**は，園舎外では，①砂場や園庭で遊ぶための遊具・用具，②花壇や畑の草花や野菜，③飼育小屋の小動物，④園庭清掃用具などがあげられる。また園舎内にある，⑤個人の持ち物，⑥遊びや活動に使用する遊具・用具・教材・素材，⑦操作することを楽しむ視聴覚素材など，さらに，園舎の内外を問わず，子どもとともに活動しながら空間や時間を共有する⑧同年齢・異年齢の人達，および，⑨五感で感じとられる情報（さまざまな事

象や雰囲気）なども,「ソフトとしての環境」である。

保育者はこれらの環境に対して,さまざまな配慮をしながら保育を進めていく。では,環境に対する保育者の配慮の仕方について考えてみよう。

1)「ハードとしての環境」に対する保育者の配慮

ハードとしての環境は,幼稚園設置基準において設置されるべき園具・教具として規定されていたが,1995（平成7）年2月に**幼稚園設置基準**が改正されて大綱化されてから,幼稚園の設置者,園長等教員が,教育上および保健衛生上必要なものを考えて創意工夫し,適切に設置されることになった。したがって,各園の教育理念や子どもの実態によって,設置の仕方や取り扱い方もさまざまであるが,ここでは一般的に保育者が配慮すべきことをあげてみたい。

ハード面から捉えた環境を考えた場合,まず,「安全」に対する配慮が重要である。環境に関心をもった子ども達の好奇心や探究心は,保育者が予想もしないような行動を引き起こす。

【事例4－1：ブランコの下の水溜り（4歳児：7月上旬）】
　7月上旬のある日のこと。子ども達が園庭で遊んでいるときに,にわか雨が降ってきた。大雨のなか,遊びを中止してテラスに飛び込んできて,雨が止むのを待っていた子ども達は,雨が止み青空が広がりだすと,待っていましたとばかりに園庭に飛び出し,遊びの続きを始めた。数人の子どもがブランコのところに行き,乗りだした。毎日子ども達が乗っているブランコの下の窪み(くぼ)には水溜りができていたが,子ども達は構わず乗りだし,こぎながらブランコの下の水溜りから足で水を遠くに蹴り飛ばし始めた。隣の子どもも負けまいと水を蹴り,遠くに跳ね飛ばすことに興じ始めた。待っている子ども達は,泥水を避けてキャーキャー言いながらも,ブランコに乗っている子どもを声援しながら楽しみだした。子ども達の歓声を聞きつけた保育者が,何事が起こったのかと飛んできた。

ブランコの楽しみ方は当然周知している4歳児ではあるが,にわか雨がもたらしたブランコの下の「水溜り」（自然がもたらした「ソフトとしての環境」）に関心をもったことから,水を遠くに蹴り飛ばす遊びになってしまった。夏季の水遊びの経験から,水への抵抗がなくなっていたことと,ブランコの揺れに

応じて足で水を遠くに蹴り飛ばす行為に面白さを感じたのである。もちろん，保育者によって即座に禁止されたが，環境に能動的にかかわる子ども達は，園具や遊具，用具に慣れ親しみ，繰り返しかかわっていくうちに，本来の目的・機能を越えたさまざまな動きをつくり出していく。滑り台を下からよじ登ったり，鉄棒やジャングルジムに縄を結び付けて1人乗りブランコにしたり，砂場でないところを掘り出して川や山をつくり出したりしていく。日常生活において禁止されているとわかっていても，園具や遊具，用具に対する好奇心や探究心は，ルールを越えた行動に子ども達を駆りたてていく。園服やカバンを身につけたまま滑り台で遊んでいるうちに滑り台の端に引っかかって，大事に至ってしまった事故が報道されたりもしている。保育者は，子どもの特性に照らし合わせ，園具や遊具，用具とのかかわりのなかで起こり得る子ども達の行動を予測しながら，子どもの安全に十分配慮することが重要である。

2）「ソフトとしての環境」に対する保育者の配慮

　子どもの周囲にさまざまな形で配置されている「ソフトとしての環境」が，子ども達の興味や関心をひきつけたときから，遊びの刺激材となって，その子どもにとって意味をもったモノやコトになる。

　事例4-1のにわか雨によってできた水溜りも，いわば自然が子どもに運んできたソフトとしての環境である。この時期に水遊びを楽しんでほしいと思って，容器を利用した水とばしゲームや，色水遊びなどを積極的に取り入れてきた保育者の意図とずれた形で出てきてしまったのである。水を飛ばす面白さを経験した子どもは，水溜りの水を素材にして，足で蹴飛ばしながら，どこまで遠くに飛ばせるかを楽しみだしたのである。子どもの創造力や応用力は，時として思いがけない形で発揮されることを，保育者は心得ておくことも大事である。保育者は，環境素材の意味が，発達の過程（年齢）によって異なってくること，また，環境素材へのかかわり方や扱い方が，子どもの発達の過程において異なることなどを理解しておく必要がある。例えば，色水遊びなどが繰り返されるなかで，ジュースと称しているうちに，その気になってうっかり口をつけてしまったり，新しい色をつくり出そうと花壇に咲いている花を摘みだした

りしてしまう。環境にかかわる子どもの能動的な動きである。このような動きは，単純に子どもをとがめたり禁止したりすればよいということではないだろう。環境に対する保育者間の共通理解や保育観などについて，保育者同士の連携が必要である。保育者が子どもに影響を与える環境であるという認識とともに，保育者間の連携が園の雰囲気をつくり出していくという点からも，**人的環境**のあり方が重要になるのである。

　また，保育者が意図しているハードとしての環境，あるいはソフトとしての環境が，保育内容とのかかわりにおいて，学級の人数や時期，子どもの発達などを考慮しながら計画的に配置される必要がある。さらに，子どもの活動に則した空間・時間などの保障，季節を感じ取れるような環境の取り入れなど，さまざまな配慮が環境の構成において考えられなければならない。

2．子どもの生活を支える環境

　保育の場に配置され，埋め込まれている環境は，どのような思いを子ども達に与えることが望ましいのだろうか。ここでは，子どもが環境とかかわるときの心情面から見ていきたい。

（1）安心感があること

　毎日一定時間を過ごす幼稚園や保育所，認定こども園は，子どもにとって安心感のある場でなければならない。新年度が始まる4月から5月は，特にこのことに留意したい。初めて社会生活に入る新入園児のみならず，担任保育者や保育室，クラスの友達等が変わる進級児も，この時期に不安やとまどいを感じることが多いからである。例えば，家庭と同じ呼び名で呼んだり，どの家にもありそうなおもちゃを保育室に置く等，家庭と似た雰囲気をつくることは，新入園児の緊張をやわらげる上で大切なことである。また，前年度の担任から子ども達一人ひとりの様子，保育の流れや進め方を聞き，しばらくの間はそれらを踏襲（とうしゅう）する方向で保育をすると，進級児の気持ちの安定につながる。

園にいる間，一緒に生活をしている保育者は，子どもに多大な影響を及ぼす環境の1つでもある。規則をたくさんつくって管理したり，いちいち干渉していたりしたら，子どもの生活は息苦しいものになる。くつろいで生活するためには，子どもが「この人といると安心だ」，「この人がいれば大丈夫」と思えるように，何よりもまず信頼関係を形成することが大切である。

新学期に限らず，日々の生活のなかで配慮しなければならないことはたくさんある。前節でも述べたように，最も気をつけなければならないのは，安全面である。子どもが生活する場は安全でなければならない。初めて実習に行った学生から，「こんなに（保育現場で）掃除をするとは思わなかった」という感想が多く寄せられる。保育現場では，子ども達を迎える前や子どもたちが帰った後，場合によっては活動と活動の合間にも掃除をする。これは清潔さを保つためだけではなく，遊具・用具などの設備の安全を確認する機会にもなっていることを忘れてはならない。園内の室温，照明や採光，換気，衛生面にも十分に注意を払う必要がある。日々何度も使用するトイレが，薄暗かったり，寒かったり蒸し暑かったり，悪臭がしていたらどうだろう。排泄すること自体が苦痛にならないだろうか。

また，子どもが自分なりの見通しをもって生活できるように心を配りたい。例えば，園内や室内のどこに何があるかがひと目でわかるようになっていたり，何時に何をするという園生活の進め方がわかっていたりすると，子どもは安心して自分なりの行動ができるようになる。子どもを取り巻く時間，空間，物や人がある程度の秩序を保つことは，安心して生活する上で不可欠である。

自立に向かう成長過程にある子どもが，身の周りのことが自分でできるように，保育室に用意する物やその配置を考えることも，心の安定につながる。このとき，子どもの動線や，身体の大きさ，発達状況に考慮することを忘れてはならない。例えば，衣服の着脱がスムーズにできない2歳児が，落ち着いて着替えられるように，トイレの出入り口付近に半畳ほどのスペースをつくり，座って着替えられるようにそこに椅子などを置く，というような工夫をする。

子どもの居場所を保障することも心の安定をもたらす上で大切なことである。私物をしまうロッカーは，子どもが不安になったり，傷ついたりしたとき等に入り込んで気持ちが落ち着くまで過ごす，「自分だけの居場所」になることが多い。このように，特定の場所が子どもにとって大切な空間となっていることがわかったら，そこでゆっくり過ごせるように配慮する必要がある。保育者自身が子どもの安全基地になる場合もある。例えば，気分が沈んでいるときに，「抱っこ」を求めてきたり，そばにきて保育者の衣服や髪の毛，掌に触れたり，そうしながら話をする等，甘える子どもがいる。このようなときは，子どもの気持ちをしっかり受け止めながらかかわっていきたい。

（2）親近感があること

子どもが大人に誘われるまでもなく，「やりたい！」と自らかかわっていけるような，親近感のある環境も整えたい。では，親近感がある環境とはどのようなものだろうか。幼稚園や保育所で行う実習の準備をする際，手づくりの名札を用意するように指導された実習生は多いだろう。実習になぜ名札が必要なのだろうか。実習生に初めて会ったとき，子ども達の多くは，「この人はどんな人だろう？」，「一緒に遊んでみたい」等の関心を示す。しかし，それをすぐに行動に現わさない子どももいる。初めて会った実習生にどのようにかかわったらよいかがわからないからである。このようなとき，実習生が名札をつけていると，例えばそこに縫い付けてあるキャラクターを指差しながら，「私もこれ好きなんだ」，「これ，僕のお弁当箱にもついているよ」とか，ひらがなを指差しながら「や̇ま̇だくみこ，っていうお名前なの？」，「私も名前にま̇と̇みがつくの」等と言いながら，子どもの方から実習生にかかわることがある。このとき，子どもは自分がよく知っている，あるいはお気に入りのキャラクターや，自分で読むことができるひらがなについて，確かめてみたいことや話したいことがあるから，実習生に声をかけるのである。実習後に「名札をきっかけにして子どもと仲よくなることができた」と報告する学生がいたりする。名札のことを話すうちに，子どもにとって実習生が「自分に近くて，親しみやすい」存

在になったからである。このように，子どもは自分が親しんでいる，あるいは自分に近いと感じたモノやコトに対して，自分でも扱うことができると思い，積極的にかかわっていく。つまり，これが親近感のある環境なのである。

このような環境を構成するためには，まず子どもの行動をよく観察し，どのようなモノやコトに興味や関心をもっているか，あるいは興味や関心を示しそうなモノやコトは何か（自然物であったり，人や人造物，空間等，さまざまなものが考えられる），を把握することが大切である。そして，それをどのように子ども達の前に提示したり，環境として埋め込んでいくかを考えなければならない。次の事例に示すように，興味や関心を示したモノに，子どもが自らかかわり始めるとは限らないからである。

事例4－2で保育者は，タロウの姿を見て，モルモットに触れないのは，触るのが怖いからだと考えた。そこで，モルモットが怖い動物ではないこと，またかかわり方を伝えるために，彼の前で世話をしたり，一緒に遊ぶところを見せたのである。保育者の姿を見て，タロウはモルモットに親しみを感じ，また扱い方もわかったから，触ることができたのである。このように，子どもは信頼する大人の言動や表情，表現，醸し出す雰囲気等を手がかりにして，人や物

【事例4－2：タロウがモルモットに触った！（4歳児：12月）】

小動物に興味をもっている子どもが多いことに気づいた保育者は，クラスでモルモットを飼うことに決めた。飼い始めてから1か月，タロウはゲージの外からモルモットによく声をかけているが，ふれあって遊ぶことはない。そこで，保育者はゲージから出して，タロウの前でモルモットの世話を笑顔でしたり，一緒に遊ぶことにした。しばらくするとタロウは「このモルモットはやさしいね」，「先生のことがすきみたい」等，感じたことを話すようになった。そして，「先生，重くない？」，「毛は柔らかいの？」等の質問をするようになったとき，保育者はモルモットを抱いたまま「ちょっと触ってみる？」と声をかけた。すると，タロウは手を伸ばし，モルモットに触れた。

等の性質やかかわり方，扱い方を理解していく。そのためには，保育者自身が子どもを取り巻く多様な人やモノ・コトに対して関心をもち，親しみをもってかかわることが大切である。

（3）自由があること

　乳幼児期の子どもは，やってみたいモノやコトがあると，心と身体を十分に動かしながら向かっていく。そして，たとえそれがうまくできなくても，懲りずに挑戦するエネルギーにあふれている。そのために，子どもが自由に触れたり，試したり，動かしたりできる環境を構成していきたい。しかし，これには危険がつきものである。乳幼児期の子どもは，身体機能や運動能力等が未熟なので，試行錯誤の過程でケガをしてしまうこともある。しかし，それを回避しようとするあまり，「ここでは○○してはいけません」，「○○をするときには△△しなさい」等の規制が多くなると，子どもの行動は抑制され，自ら考え，工夫し，つくり出す経験ができなくなってしまう。その結果，子どもの興味・関心が薄れてしまう。禁止事項や約束事は極力少なくしたい。

　ところが，どんなに禁止事項や約束事を抑制しても，子どもを取り巻く状況によっては自由に動くことができなくなることがある。例えば，雨の日が続く梅雨時のような場合である。室内の限られた空間で生活せざるを得ないこのような状況では，外遊びができる日に比べて子ども達の動きは制限される。エネルギーを持て余した子どもが，おもちゃを乱暴に扱って壊してしまったり，些細なことで子ども同士がけんかを始めたり，ぶつかり合ってケガをする等のトラブルは発生しやすくなる。このようなとき，保育室にある机や椅子，遊具等の配置を変えて，子どもが身体を動かせる空間を設けるというような，保育者のちょっとした工夫は，不自由さを軽減することにつながる。

（4）満足感や達成感が得られること

　「やってよかった！」という満足感や達成感が得られる環境をつくることも忘れてはならない。保育現場でみられる事例に基づいて考えてみよう。

2．子どもの生活を支える環境　63

【事例4－3：道づくり①（5歳児1月）】
　ユウイチ，コウタ，タイチ，コウスケの4人は，大型積み木を組み合わせて道をつくり，そこにブロックカーを走らせる遊びを始めた。しばらくして，ケンタ，ヨウイチ，ツヨシ，ジョウの4人も似たようなことを始めた。次第に，ユウイチたちとケンタ達は一緒に遊ぶようになった。子ども達は互いに意見を出し合い，長くて複雑な構造の道をつくるようになった。そこで，保育者はその時期に利用する子どもが少なかったままごとコーナーと絵本のコーナーを縮小した。また，他のクラスから大型積み木を借りて保育室に置いた。

　事例4－3で，保育者がままごとコーナーと絵本のコーナーを縮小したり，他のクラスから大型積み木を借りたのは，子ども達が創意工夫しながら道をつくるには，もう少し広い空間と多くの積み木が必要だと考えたからである。子どもが満足感を得るには，まず子どもの動きをよく観察し，子どもがやりたいことは何かを見極め，それを実現するために必要なモノやコトを考え，それが整っているかを確かめ，状況によっては整えていく必要がある。
　しかし，子どものやりたいことができればよいということではない。保育者は子どもの現状をふまえ，今，子どもの育ちのために，必要な経験が何かを考え，その経験を通して満足感や達成感が得られるようにすることが大事である。例えば，次の事例のような場合である。これは事例4－3の続きである。

【事例4－4：道づくり②（5歳児2月）】
　2月初旬になると，リョウタ，ヒロシ，ショウタの3人が遊びに加わった。11人で遊ぶようになって，道はさらに複雑かつ長いものになった。ある日，子ども達は「明日，（遊びの）続きをしたいから，これ（道）を片づけなくてもいい？」と保育者に聞いた。保育者は「続きができるように皆で考えて片づけられないかな？」と答えた。子ども達は話し合い，道の構造を紙に書いて残すことを決めた。また，遊びの続きができるように復元しやすい片づけ方を工夫して，「先生，見て見て！　片づけできたよ。明日は，タイチが書いたこの絵を見ながら道をつくるんだ！」と保育者に言った。保育者は「わー，すごい！！　これだったら明日，今日の続きができるわね」と子どもたちに言った。

事例4-4で，保育者が「皆で考えて片づけられないかな」と提案したのは，道づくりと同じように，子ども達が力を合わせれば，翌日に遊びの続きをする方法を考えられると思ったからである。また，道づくり以外の場面でも，友達と力を合わせて問題を解決する喜びを味わってもらいたいという願いもあったからである。このように，子どもが・そ・の・と・きもつ力を十分に発揮しながら生活できるようにすることは，満足感を得る上で大切なことである。

3．環境の再構成と活動の展開・発展

幼児教育を行う施設が共有すべき事項として，幼稚園教育要領，保育所保育指針，幼保連携型認定こども園教育・保育要領では，幼児期の終わりまでに育てたい資質・能力の具体的な姿を明記している。ここでは，保育の中で育まれる「協同性」や「言葉による伝え合い」が，やがては小学校の教育の「言語能力の確実な育成」や「体験活動の充実」につながっていく事例を見てみたい。事例4-3，事例4-4では，3，4人が協同して始めた遊びが，やがて10人以上の協同的遊びへと発展している。園の事情により，環境を保持して遊びを連続させることはできないかもしれない。事例4-4で保育者が片づけ方を工夫するように提案したのは，子ども達が取り組んできた協同的遊びを翌日につなげるためであった。その結果，子ども達は意見を出し合いながら「道の図面を書き記しておくこと」を考え出し，自分達がつくり出した環境の再現を可能にしている。遊びが展開・発展すためには，子ども達の発想や創造性，それらを受け止める保育者の力量や**環境の再構成**をする力が重要になってくる。

（1）経験の発現から発展・展開にいたる保育者の援助

【事例4-5：「マジョリンの歌遊び」のはじまり】
　11月中旬，幼稚園の子ども達が併設の小学校の学芸会を見に行った。年長組の子ども達は，6年生の『魔法を捨てたマジョリン』の劇にとても関心をもったようだった。なかでも劇中の「心から心へ」への歌は，手振り身振りがつけ

3．環境の再構成と活動の展開・発展　65

られて歌われていたこともあって，心に残ったようだった。1，2週間たったころから，お弁当の準備や片づけをしながら女の子達の間で，うろ覚えながら「心から心へ」の歌が口ずさまれる姿がみられてきた。それを見た保育者は，①6年生の先生から「心から心へ」への楽譜をいただいて，②ピアノ伴奏をつけた曲を③テープに録音して部屋の片隅においた。テープの存在を知った子ども達は，曲を再生しながら自分達で手振り身振りをつけ，マジョリンの歌遊びを楽しみだした。

　事例4－5では，小学校の学芸会で見た6年生の劇に，子ども達が興味・関心を示し，劇のなかで歌われた歌が強く子ども達の心に残ったことから活動が始まっている。つまり，学芸会という環境にふれた経験が，子ども達の歌の再現に作用しているのである。保育者は，そうした子ども達の姿を捉えて，「6年生の先生から楽譜を貰う」（下線①）→「その曲をピアノで演奏して録音する」（下線②）→「録音したテープを置いておく」（下線③）という一連の動きを経て環境の再構成を図ったのである。

　曲が録音されたテープを見つけた子ども達は，自分達でそれを再生し，身振り手振りをつけながらマジョリンの歌遊びを楽しみだしている。つまり，環境としての録音テープと子どもとの相互作用によって，口ずさまれていた曲が，具体的な動きをつけたマジョリンの歌遊びへと発展していった。こうして，子ども達は，マジョリンの再現に向かうという共通の目的をもって，協同的遊びとしての第一歩を踏み出したのである。保育者が6年生の先生を訪れて楽譜をもらってくるという行動に出たこと，録音するためにピアノに向かって曲の練習をしたことなどがなければ，マジョリンの歌遊びはみられなかったであろう。環境の再構成では，このような保育者の行為や努力が必要なのであり，そのことが子どもの遊びや活動の発展・展開を可能にしていくのである。

　マジョリンの歌遊びが繰り返されているうちに，さらに子ども達のイメージが発展し，マジョリンの劇ごっこにつながっていく（事例4－6）。その再現に向けて下線①のような相談が子ども達からもちかけられ，それに応えて下線

②のように保育者が環境を再構成している。子どもと保育者のやりとりによってマジョリンの劇ごっこへと向かう環境がつくり上げられていったのである。

【事例4－6：「マジョリンの歌遊び」から「マジョリンの劇ごっこへ」】
　12月に入った頃には，歌だけではなく，本格的にマジョリンらしくしようと，①マジョリンが着ていた衣装や小道具について，子ども達から保育者にいろいろと相談がもちかけられてきた。②それに応えて保育者は子ども達のイメージの実現に向けて，相談にのったり，材料を用意したりしながら，手助けし，年長組のマジョリンのイメージが次第に具体的になっていった。マジョリンの衣装を着けた子ども達は，テープを自在に操作しながら，歌を歌ったり，台詞(せりふ)を言い合ったりしてマジョリンごっこを楽しむ日が続いた。あるときは保育室の片隅で，またあるときは遊戯室の巧技台(こうぎだい)で舞台をつくってマジョリンごっこが展開されていった。

【事例4－7：「マジョリンごっこ」の深まり】
　ある日，遊戯室の巧技台を組み立てて舞台にして，いつものようにマジョリンの劇ごっこが始まった。①歌詞をはっきり覚えきれていない子どもから，歌の言葉を書いてほしいという要求が出されてきた。保育者は楽譜をもち出し，大きな紙に歌詞を書きはじめた。数人の女児が，保育者が書くのを囲むようにして見ていた。書き上がると早速自分達で移動黒板に貼り，舞台の上にのった女児たちは，ときどき目で追いながら歌いだした。歌を覚えてしまうと，6年生が同曲に楽奏をつけていたのを思い出し，②保育者に楽器を要求してきた。保育者が出してきた木琴の音を探り当てながら曲の演奏が可能になると，今までより本格的な客席と舞台をつくって，年少組の子ども達に誘いかけて見せていた。

　事例4－6までは，自分達が楽しむ遊びとして繰り広げられていったが，遊びが繰り返されるうちに，遊びの細部に対する子ども達の意識が深まり，次第に，他の子どもに見てもらいたいという気持ちに移行していっている。
　そのための環境の取り入れが，事例4－7での下線①歌詞の要求であり，下

線②楽器の要求である。それに応えて、保育者は、子ども達の前で歌詞を書いたり、楽器を出してきたりしている。自分達以外の子ども達に見てもらった経験は、やがて、生活発表会（学芸会的活動）の演目として、保護者に披露するということにまで発展した。このことは、6年生の担任にまで伝わり、6年生を招待して披露し、劇中で「心から心へ」の歌が歌われだすと、6年生も年長児と一緒になって歌いだし、会場は「心から心へ」の大合唱となった。

　幼稚園教育要領、保育所保育指針、幼保連携型認定こども園教育・保育要領に明記されている「協同性」に基づく活動が6年生にまで伝わり、自然な保育の流れのなかで「小学生との連携」が実現していったのである。

（2）子どもの知的好奇心や探究心を刺激する環境の再構成

【事例4－8：松ぼっくりの不思議】

　秋のある日、年長組の子ども達が近所の公園に散歩に出かけた。秋の自然のなかで落ち葉やドングリ、松ぼっくりなどを拾い集めて園に帰ってきた。子ども達は、もち帰ってきた落ち葉やドングリ、松ぼっくりなどを、ごっこ遊びの材料にしたり、製作素材としたりして楽しんでいた。担任保育者が、「松ぼっくり」が取り上げられている本があるのを思い出し、本棚にそれとなく出しておいた。その本に気づいた子どもが、同じことをしてみたいと言いだした。保育者がそれに応えてもち出してきたさまざまな容器から、子ども達それぞれが、松ぼっくりを入れるのに適当と思う容器を選び出し、松ぼっくりを入れて水を張って降園した。翌日、水のなかで閉じて丸くなった松ぼっくりをみつけた子ども達は不思議がり、今度は、本を見ながら容器から出して横においておくと、いつの間にか松ぼっくりは開いていた。松ぼっくりが、水のなかでは閉じてしまい、外に出して乾いてくるとまた開くという不思議さに、試してみようとする子ども達が次々に出てきた。やがて、クラス全体の活動へと広がり、棚の上には子どもの名前を書いた容器が並び、松ぼっくりを出したり入れたりしながら、不思議な松ぼっくりを実感して面白がる姿がしばらく続いた。

自然は，子ども達に多くの感動を与えてくれる。不思議だなという気持ち，なぜだろうと考える心，自然は子ども達の興味や関心を大きく揺さぶってくれる。それと出会う機会を環境としていかに構成し，再構成していくかが，子どもの将来に大きな影響を及ぼしていく。

　ノーベル賞を受賞した益川氏，小林氏，下村氏達は，若い人達に対して「面白いと興味をもつ『種』を広くまくことが重要」「多角的なアプローチが重要」「勇気づけることが大事」などとそれぞれ述べている。

　これらの内容は，保育者自身に照らし合わせて考えた場合，創造的な視点の有無になり，子どもの育ちに照らし合わせた場合には，好奇心・探究心・試行錯誤する姿として捉えられるだろう。保育者は，子どもからの要求に応えながら，活動の発展や展開のために見通しをもってこまめに動くことが必要である。保育者が創意工夫をこらしながら，ハード面，またソフト面から，あるいは両面を考え合わせながら，意図的，計画的に環境を構成し，または再構成することで，子ども達の経験や体験は豊かになっていく。言い換えれば，子ども達の遊びの発展や展開に大きく作用していくのは，保育者自身の創造性や創意工夫に基づいた豊かな環境の構成や再構成なのである。

4．豊かな環境をつくるために

　では，保育のなかで**豊かな環境**とは，一体どのようなものだろうか。
　再び広辞苑で"豊か"という語を引くと，「物が豊富で，心の満ち足りているさま[2)]」とある。
　大切な人を家に招き入れる場面を考えてみよう。このとき，あなたはその人の好きな花を買ったり，食事のメニューを考える等，相手のことをイメージしながらさまざまな準備をするだろう。しかし，食卓の中央に視界を遮る高さで花を活けたり，「お腹が一杯です」と言われているのに無理に食事をすすめたら，客人の心は満たされるどころか不愉快になってしまうことさえある。どんなに相手のことを考え，物を豊富に揃えたとしても，それを出す方法やタイミ

4．豊かな環境をつくるために　69

ングが不適切だと人の心を満たすことはできない。保育場面も同様である。子どもの育ちに必要なモノやコトを整えるだけでは，豊かな環境をつくったことにはならない。大切なのは，それを必要とする時機を捉え，適切な方法で子ども達に渡していくことである。つまり，環境を豊かにするのは保育者自身なのである。そのために配慮したいことがある。

（1）多角的に子どもの実態を捉えること

　子ども達一人ひとり，あるいはその集団の実態を的確に捉えていると，その育ちに今，何が必要なのかを見極めることができる。そのため，日々子ども達の動きや遊びを丁寧に観察し，子ども達がどのようなことを考え感じているのか，また何をしたいと思っているのか等，読み解いていかなければならない。このとき，多角的に捉えることは大切である。

　例えば，クラスのなかに手当たり次第おもちゃを出しては，それでじっくり遊ばないばかりか，乱暴に扱い壊してしまう子どもや，自由に遊ぶ場面になると，「何時まで遊ぶの？」と聞く子どもがいたりする。これらの姿から，彼らは1つのことに集中して取り組むほどやりたいことがないのだろうと考えることができる。保護者と話をしてみると，これらの子ども達について次のようなことがわかってくることがある。

　①入園前からスイミング，お絵描き，体操教室，音楽教室等の稽古事に通っており，現在も続けている，②友達と遊ぶときには保護者がかかわって公園か各自の家で遊んでいる，③室内で友達と遊ぶときは，DVDをみたりテレビゲームをすることが多い，④休日には家族で買い物やレジャー施設に出かけることが多く，出かけないときはDVDの視聴やテレビゲームをすることが多い。

　これらの情報から，園以外の場面では，子どもが受身の姿勢で人やものにかかわることが多いことが読み取れる。このことは，園で自らやりたいことを見つけることができない理由の1つだと考えることもできる。また，子ども達の生育環境にも着目してみると，①居住する地域は40年前に開発された住宅地で，65歳以上の高齢者が多く，子どもの数が少ない，②近所付き合いが希薄

で，母親は騒音等の苦情が出ないように気をつけながら育児をしている，③父親は仕事に忙しく，母親1人で育児をしている，などが明らかになってくるかもしれない。これらのことからは，子ども達が同年齢の遊び相手が少なく，子育て世帯に対する地域の理解があまり得られない環境で，**母子密着の生活を**していることがうかがわれる。これらのことが，子どもが稽古事をしたり，DVDを視聴する，テレビゲームをする等の受身の姿勢で人や物にかかわる機会が多かったり，園で子どもが自らやりたいことを見つけられない要因の1つにもなっていると考えることができるだろう。このように，子どもの姿を読み解く視点を広げていくと，新しい考え方や見方ができるようになる。

　しかし，どんなに多角的に捉えようとしても，個人の力には限界がある。自らの子どもの捉え方を修正したり，確認したり，さらに広げ，深めるために，園での子どもの姿について保育者同士で話し合い，自分とは異なる見方や考え方にも触れながら，子どもの実態を把握することも忘れないでほしい。

（2）環境に対する理解を深めること

　子ども達のために用意したい環境について，よく理解しておくことも大切である。次の事例を通してこのことを考えてみよう。

> **【事例4－9：園外保育（3歳児：6月～3月）】**
> 　3歳児クラスでは週1回，固定遊具のない公園で園外保育を行っている。公園にはバケツやシャベル等の遊具は持参していない。保育者は1人でお手洗いに行かない，勝手に外に出ない，という2つの約束を子ども達としたが，こまごまと注意をしたり，禁止事項を設けて行動を規制していない。子ども達は木登りをしたり，木の枝や実，葉っぱを集めて，おままごとやお店屋さんごっこを始めたり，虫を追いかけたり，捕まえたりした。追いかけっこやお相撲等の身体を動かして遊ぶ姿もよくみられる。季節やその日の気候に応じて子ども達の遊びは変化している。暑いときには，木陰でままごとや虫探し，地面にお絵描きをすることが多い。夏の終わりには，蝉の抜け殻を集める子どもがたくさんいる。寒い日は鬼ごっこをすることが多い。公園で子ども達は自らやりたいことを見つけて遊んでいる。

保育者は，子ども達が自ら考え行動できる環境を整えたいと思い，園庭よりも広く，自然にあふれている公園で保育することを決めた。子ども達にこまごまと注意をしたり，禁止事項を設けなかったのは，そこで子どもが自由に動くことができるようにするためであった。また，遊具が全くない環境を構成したのは，子どもたちがそこにある自然物にかかわるチャンスと考えたからであった。自然環境は，子どもが自ら考え行動する経験を引き出すことができるという予測のもと，保育者は園外保育を実践したのである。遊具は，遊び方を限定するのに対して，公園にある自然物はかかわり方を工夫することで多様な遊びを展開することができる。例えば，樹木は，それによじ登ったり，日差しの強い日には木陰にして涼んだり，秋には落ち葉を拾ってままごと遊びの材料や，お店屋さんごっこのお金にする等，工夫次第でいろいろな遊びができる。保育者が，**自然環境**のもつ性質や特徴，かかわり方について十分理解していたことから，このような保育実践をしたのである。

　自然環境に限らず，遊具，折り紙や粘土，絵本やゲーム，廊下やテラスなどの空間，数字や文字などの記号…等，子ども達のために用意したい環境についてよく理解していると，それに向かう子どもの姿や心の動きを予想しながら環境の構成や再構成がなされ，保育の展開を考えることができる。したがって，日頃からこれらに子どもと同じ目線や気持ちでかかわり，それらの性質や特徴，またそれに向かう方法について具体的に理解し，知っておくことが大切である。

（3）子どもとともに創っていくこと

　子どものために環境を準備する際，保育者はその環境とかかわる子どもの姿を予測し，それに基づき子どもに伝えたいこと，つまり保育のねらいを定めている。しかし，それにとらわれて，自分の思いを子どもに押しつけることのないように気をつけたい。どんなに的確に子どもの実態を捉え，そのときに必要なモノやコトを入念に準備したとしても，ねらい通りに子どもが環境にかかわるとは限らない。例えば，事例4-2で，小動物とのふれあいを通して命の尊

さに気づかせたいというねらいをもって，クラスでモルモットを飼うことにしても，なかなか触れない子どもはいる。このとき，その子どもの気持ちに目を向けず，あらかじめ定めたねらいを達成するために，モルモットに触れることを強要したら，これは子どものための環境ではなくなってしまう。

　前述してきたいくつかの事例を通して，環境は保育者が一方的につくるものではなく，子どもとともに創り出していくものであることを十分に理解するとともに，そのために必要なことを自分自身の内面に培っていってほしい。

5．保育の展開と評価

（1）教育課程・全体的な計画に基づく保育の展開

　前節で述べた環境を通して行う保育実践は，一見すると保育者の思いつきで進められているように感じられるかもしれないが，根底には，**教育課程**（幼稚園）や**全体的な計画**（保育所，幼保連携型認定こども園）の存在がある。

　教育課程や全体的な計画は，保育の目標をふまえながら，日々の活動を通して育みたい資質・能力を念頭に置いて立てられ，園長以下，全保育者で共有している園全体の保育計画である。この保育計画に基づいて，担任保育者は，子どもの発達や学びの連続性といった観点から子どもたちの実態を捉え，実態に合わせて具体的な指導計画を立てていく。指導計画に基づいて進められている保育であるが，遊びを通した保育を進めている実態を見た保護者が，「あの園では，いつも子どもたちが勝手に遊んでいる」と誤解することもある。子どもたちが好き勝手に遊んでいるように見えても，実際は，指導計画に基づいて保育者が環境を構成し，それらの環境に子どもたちが主体的にかかわって自発的に遊びを創造し展開していく姿を，勝手に遊んでいる姿として捉えているのである。保育者は，日々の遊びの中で見られる子どもたちの発達や学びを，その日の子どもの姿として保護者に丁寧に伝えることも大切である。

　例えば，事例4−1では，水溜りにかかわる子どもの姿が述べられているが，この時期の週案や月案，期案で，「梅雨期から夏期へと移行していく季節

の移りかわりを実感する」という保育者の"ねらい"があるかもしれない。あるいは、「いろいろな固定遊具に親しみながら新しい遊び方を考えて楽しむ」ということを"ねらい"にしているのかもしれない。保育の内容として、子どもが主体として能動的に動き出すような活動を目指して、保育者の意図を環境にどう埋め込んでいくか。また、偶発的に遭遇した環境や、眼前に出現した子どもの姿をどのように"ねらい"と結び付けていくのか。指導計画をふまえながら、子どもの主体性や創造性を大切にして保育活動を展開していくところに、保育者としての専門性があり、保育者としての成長が期待される。指導計画は、子どもの発達をふまえて立てられた保育の計画ではあるが、それが適切であったかどうかは、実際の子どもの姿を振り返りながら評価していくことによって、保育者としての専門性を高め、保育者としての成長が促されていく。そのための手立てとして、保育終了後に作成される**保育記録**が有効になる。

（2）保育記録と自己評価

　指導計画に基づいて展開される日々の保育を、その日の子どもの言動や、保育者としての自分の対応などを振り返りながら記録することによって、今日の保育が評価され、明日の保育に向けた指導計画が作り変えられていく。

　評価といっても、優劣をつけることではなく、目の前にいた子どもたちの育ちを援助するための指導がどうなされていたか、また子どもたちに用意した環境が適切であったかなどを検討することである。

1）保育記録の作成と評価

　記録のつけ方はさまざまであるが、今日の保育の振り返りや自分の内面での思いを文字化し、評価していくことによって、そのとき、保育の場では捉えられなかった個々の子どもの姿や自身の動きが明らかになっていく。

　例えば、第2節にあるように、保育者が用意した環境に子どもがどうかかわっていたかを思い出し、その環境が子どもにとって安心感や親近感がもてる環境であったか。また、環境とのかかわりにおいて自由感をもつことができ、子どもたちに満足感や達成感が得られるものであったか、などを検討し文字化

して評価していく。

　事例4-5，6のような展開では，「友達と一緒の活動をするなかで共通の目的を見出しながら遊ぶ楽しさを味わう」や，「いろいろな体験を通じてイメージや言葉を豊かにする」など，その時期の子どもの実態や保育者の意図によって，指導の"ねらい"が立てられ，保育が展開されていったのだろう。事例のように，保育が大きく展開していく場合には，子どもの動きやイメージに即した環境の再構成や保育者の援助が要求される。ここでは，環境の再構成が十分であったか，適切な援助ができていたか，などの評価が必要になる。子どもたちの要求や必要に応じた環境の再構成や適切な援助によって，子どもたちは一段と大きく育っていく。

　記録による保育の振り返りや評価は，保育者の専門性を高めていき，指導計画の改善につながっていく。

2）保育記録の見直しから自己評価へ

　自身の記録を，長期的なスパンで見直して自分の保育を評価することも有効である。例えば，1学期のある週の記録を取り出して，①システムの記述（発達・計画にかかわる事柄），②状況性の記述（環境に関する事柄），③スキルの記述（技術や技能に関する事柄）の視点から，記録文章を色別にマークしていく。色別の偏りとして可視化された保育記録の評価は，自分の保育を考え直す気づきにつながっていく。さらに，2学期末または3学期の記録を抽出して同様の作業を行う。双方の記録を比較しても見ることで，色別量に変化がなければ，子どもが心身ともに発達し成長しているにもかかわらず，保育を捉える保育者の目に変容がみられないという評価が明確になる。明らかになった結果は，自分の保育を見る目の偏りを考えたり，指導計画自体を見直したりしていく，よい契機になるだろう。

3）自己点検シートの利用

　保育者間で共有する独自の自己点検シートを作成している園もあるが，既成の自己点検チェックリストで自分たち保育を振り返ることもよいだろう。

　質問に「はい」「いいえ」で答える個別的主体的評価から，評価の大分類か

ら多くの下位項目を内容として羅列してチェックしていく形式など、さまざまなチェックリストが市販されている。まずは自己点検を実施して、その後、同僚たちと互いの評価を交換し合い、話し合うことも必要である。自己点検シートをもとに互いの評価を交し合うことで、自分では気づかなかった子どもの側面や指導の方法が提示され、多角的に評価する力が培われ、幼児理解が深まっていくことから、指導計画の改善へと進んでいくことだろう。

(3) 保育カンファレンスによる評価

先に述べたように、保育はチームプレイであり、保育者間の協力や連携が必要である。園内に第三者を招いて全職員で取り組む**保育カンファレンス**は、研修や研究を通して保育者間で協力したり連携したりする力を養う機会であると同時に、園全体の保育の方向性や計画について評価する大事な機会でもある。

保育カンファレンスによって園全体で検討し評価していく保育計画は、教育課程、全体的な計画の評価につながり、次年度に向けての教育課程、全体的な計画を改善して、よりよい編成へと導いていく。

 討論のテーマと視点

① 環境にかかわるときの、思いがけない子どもの行動として、どのようなことが考えられるか、「ハードとしての環境」「ソフトとしての環境」の視点から話し合ってみよう。

② 子どもの能動性が発揮され、好奇心や探究心をもって主体的にかかわり、さまざまな経験や体験をするためには、どのような環境を整えたらよいだろうか。子どもを取り巻く物的環境、自然環境、社会的環境、人的環境の実態をふまえ、話し合ってみよう。

③ 実習やボランティアで訪れた保育現場での子どもの姿と、それに対応した自分の行為を出し合いながら、保育者の行為がそれぞれの子どものどのような育ちにつながっていくと「考えたか」あるいは「考えられるか」をみんなで話し合ってみよう。

■引用文献
1）新村出編：広辞苑第5版，岩波書店，1998，pp.593-594
2）新村出編：広辞苑第5版，岩波書店，1998，pp.27-25

■参考文献
・秋田喜代美・増田時枝・安見克夫編：保育内容「環境」第2版，みらい，2009
・榎沢良彦・上垣内伸子編：保育者論 －共生へのまなざし－，同文書院，2003
・大場幸夫・柴崎正行編：保育内容環境，ミネルヴァ書房，1990
・ミネルヴァ書房編集部編：保育所保育指針　幼稚園教育要領　幼保連携型認定こども園教育・保育要領　解説とポイント，ミネルヴァ書房，2018
・文部科学省：幼稚園教育要領解説，フレーベル館，2018
・文部省幼稚園課内幼稚園教育研究会編：幼稚園における園具・教具－活動事例集－，1998
・『幼稚園教諭のための自己評価チェックリスト』編纂委員会：幼稚園教諭のための自己評価チェックリスト，萌文書林，2006
・『保育士のための自己評価チェックリスト』編纂委員会：保育士のための自己評価チェックリスト，萌文書林，2008
・全日本私立幼稚園幼児教育研究機構編：私立幼稚園の自己評価と解説，フレーベル館，2006
・文部科学省：幼稚園教育指導資料第3集幼児理解と評価，ぎょうせい，2010
・安見克夫・鍋島恵美・増田時枝：保育の質を高める自己点検尺度の研究（2），日本保育学会第64回大会発表要旨集460, 2011

※**事例4－5～事例4－8**　提供：東京都品川区立第一日野幼稚園　石井裕美子
※**写真提供**　品川区立第一日野幼稚園

第5章
保育者の協働

1. 求められる保護者支援

(1) 今, なぜ子育て支援が必要なのか
1) 子育てを巡る課題と新たな制度

　2012 (平成24) 年, わが国の子ども・子育てを巡るさまざまな課題を解決するために「子ども・子育て支援法」が公布された。そして, この法律および関連する法律に基づき, 幼児期の教育や保育, 地域の子ども・子育て支援事業の量の拡充や質の向上を進めていく「子ども・子育て支援新制度」が, 2015 (平成27) 年4月から本格スタートした。このような制度・政策が展開される背景には, わが国の子育てを巡る現状において次のような課題の存在がある。

　まず, 核家族化や高齢化, 地域での人間関係の希薄化などによって, 子育ての方法の伝承が希薄になり, 子育てが母親だけに任されることによる負担, 不安, 孤立感の高まりが考えられる。そうした負担や不安が高まっているにもかかわらず, 都市部を中心に, **共働き家庭**が増加し, 保育を必要とする子どもが増えるという悪循環に陥っている。また, フルタイムでの勤務でなくとも, パート勤務や介護, ボランティア活動への参加などにより, 部分的に保育を必要とする状況も増えてきている。その結果, 保育所の整備が追い付かず, 当該市区町村の施設定員を超過するために保育所に入所できない, いわゆる「**待機児童**」が生じる (図5-1)。待機児童数の大部分を0～2歳の低年齢児が占め, 都市部に集中している。このことを受けて各自治体では, 施設数や定員を増やし, 全国の定員充足率 (利用児童÷定員) は, 92.8%となっている。

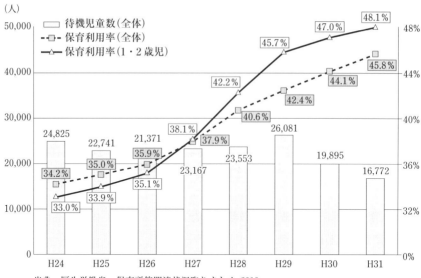

図5－1　保育所等の待機児童数および利用率の推移

出典　厚生労働省：保育所等関連状況取りまとめ，2019

　また，教育・保育および地域における子ども・子育て支援が，育児不安の高い親，子育て状況が困難な立場に置かれている親などに必要とされ，支援の質の向上が求められている。

　これまでも，厚生労働省による「待機児童解消加速化プラン」などにより，保育所の新設や整備，受入数の増加を図ってきたが，待機児童の増加に追いつかない現状があった。これらをふまえ，一人ひとりの子どもが健やかに成長できる社会の実現を目指し，今までの制度を見直し，「子ども・子育て支援新制度」が始まったのである。新制度の目的と主な内容は，次の通りである。

・幼稚園・保育所・認定こども園を通じた共通の給付体制を創設し，質の高い教育・保育を総合的に提供する。
・「家庭的保育」「小規模保育」などさまざまな形態の保育により，待機児童解消を図り，また，保育の量だけでなく質の確保も図る。
・「放課後児童クラブ（学童クラブ）」や「地域子育て支援拠点事業」などさまざまな支援策を充実する。

こうした新制度が始まる以前から幼稚園・保育所等では，子ども達がまわりの大人達に温かく見守られ，愛されていることを実感しながら健やかに育つよう，保育内容の充実に努めてきている。そのような保育ができる限り不足なく行き渡るよう環境整備することによって，保護者が子育ての大変さや難しさだけでなく，喜びや楽しさを実感し，その役割をしっかり果たせるようにという願いが，この「子ども・子育て支援新制度」には込められている。

2) 保護者同士，保護者と地域をつなぐ役割

少子化対策のさまざまな社会の流れのなかで，幼稚園や保育所，認定こども園は，子育てにかかわるいろいろな立場の人と十分な連携を図りながら，より一層安心して子育てができるよう支援していかなければならない。地域のなかで孤立しないように，絆をしっかり結べるように地域の人と保護者が参加，交流できるような活動，親同士が親しくなれる機会など，温かな人の輪が広がるきっかけづくりを積極的にしていくことが求められている。そして，地域に顔見知りの人が増え，保護者が主体的に地域社会にかかわっていくことで，互いに助け合い，子育ても支えてもらえる安心感を得られるようになると考えられる。子どもが成長しても，人の輪が保たれ，保護者同士，地域の人との頼れる人間関係づくりが子育て支援の重要な課題の1つである。

最近では，**育児ノイローゼ**や**児童虐待**が増加し，そういった人の参加を促す工夫が今後一層求められるようになっている。このような深刻な問題については，早期の発見に努めることが何よりも重要であり，状況が進むと子どもに危害が加えられるだけでなく，問題が複雑化したり，親子関係がさらに悪化したりするなどその後の関係修復が困難になる。2000（平成12）年11月に施行された**「児童虐待の防止等に関する法律」**（児童虐待防止法）によって，児童虐待の早期発見に努め，発見した場合は速やかに通告することが義務づけられた。相談や指導にあたっては保育カウンセラーのような専門家や民生委員，児童相談所，子育て支援センターといった関係諸機関とのネットワークづくり，それぞれの機能を活用して対応していくことが重要な課題となる。

（2）親と子がともに育つ
1）子育て支援は子育ち支援

　保護者が子育てについての不安やストレスを軽減され，ゆとりをもって子どもとかかわれるようになることは，結果的に子どもが健やかな成長の方向へ向かい，子どもが育つということの支援につながる。子どもが健やかに育っていく姿を安心して見ていたりかかわったりできるようにしていくことが，子育て支援であるという捉え方が必要である。

　そのためには，何よりも日々の保育の充実そのもの，子どもの育ちを確実に保障することである。保育者には，一人ひとりの子どもを広く，深く理解し，発達の実態に応じた意図的・計画的な保育を進めていく実践力が求められる。そして，保育技術の向上や多様な教材研究，環境構成などについて意欲的に自らを高めていく姿勢や努力が必要である。また，幼稚園や保育所，認定こども園のなかで，組織の一員として主体性や協調性を備えた保育者として協力・連携を図っていかなければならない。

2）子育て支援は親育ち支援

　次世代育成支援対策推進法には，「父母その他の保護者が子育てについて第一義的責任を有する」とある。親の子育てに対する不安やストレスを肩代わりするのではなく，子育てに喜びややりがいを感じて，主体的に子育てに取り組むようになっていくことの必要性が述べられている。

　しかし，「親なら当然こうあるべき」という考え方では，最も子育て支援を必要とする親からはますます敬遠されてしまい，遠ざけるという悪循環の結果になる。保護者が変わることによって，子どもは安心して育つことができるのであり，保護者との信頼関係を築くことから始めなければならない。

　まずは，相手を受け入れ，相手の身になって，そうなってしまった状況に理解を示し，何ができるのかをともに考えることである。保護者が保育者に何を期待し，求めているかを十分理解するとともに，子育ての不安や悩みなどを共有しながら，語り合える関係，パートナーとしての関係をつくっていくことが最も必要であるといえる。

また，自分の子ども以外により多くの子どもを見たり，他の親とかかわれる場や機会を設けたり，子どもへのかかわり方のモデルとなる保育者の姿を目にする機会をもったりすることも，子育て支援の方法として有効である。

（3）さまざまな子育て支援の実施

　子育て支援というと特別な取り組みをしているというイメージがあるが，園の施設や人材をうまく活用して行っているところが多い。例えば，「施設開放」や「教職員による子育て相談」などである。さらに，子育ての参考になるような子育てについての講演会やワークショップなどの学習会，子育て中の人が集まれる交流の場を提供したりして，幼児教育の理解を深めるような活動をしている園が数多くみられる。

　なお，2008（平成20）年に改められた**保育所保育指針**では，従来「家庭養育の補完」とされてきた保育所の役割について，「家庭との緊密な連携」という表現に変わり，家庭とともに子どもを育てていく方向性が示された。保育の目標にも，子どもの保育だけでなく，保護者への援助も掲げられた，加えて保護者に対する支援として1つの章が設けられている。これらは，2017（平成29）年改定の保育所保育指針においても踏襲されている。

　また，**学校教育法**にも子育て支援に関する記述が加えられており，こうした流れを受け，できる範囲で，必要な取り組みをしていくことが求められている。

　しかし，幼稚園や保育所，認定こども園では子育て支援の必要性や保護者の成長といった成果に期待を感じながらも，思うように実施できないジレンマを抱えていることもうかがえる。園舎や教職員数，園児数，資金面などの現状からニーズに応じることができないといった課題はあるが，地域の保護者からの要望や行政からの方針を受けて，精一杯できる範囲で各園が努力して子育て支援に取り組んでいるのが実態である。子育て支援をさらに充実していくためには，幼稚園や保育所，認定こども園，公立・私立といった枠を越えた横のつながりを一層強め，子育て支援の取り組みや工夫について情報を交換したり，論議を深める場や機会をもったりすることが今後ますます必要と考えられる。

2．保護者との協働の実際
―― 子育てのパートナーシップとして

（1）子育て相談
　子ども達の笑顔とともに，将来への希望と喜びにあふれた子育てをしたいというのは親として共通の願いである。しかし，ときには辛いことや泣きたいこともあり，笑顔ばかりではいられない。不安やとまどい，焦りを感じたとき，最も身近で役に立てるのが地域にある幼稚園や保育所，認定こども園である。各学級担任は，家庭との連絡を密に取りながら，一人ひとりが集団生活を通して心身ともに健全で豊かな人間性を身につけられるようにと願い，指導計画に基づいて保育をしている。一人ひとりの子どものことを一番よくわかっているのが担任であり，担任がすぐに相談に乗ってくれることは保護者にとって何より心強い。しかし，担任には直接聞けない場合もある。そのとき，園長や主任などに気軽に相談に乗ってもらえる雰囲気や連携がとれていることが大事である。保護者からの相談を受けて，担任1人で抱え込まずに同僚に相談したり，園長に報告して指示を仰いだりして，園全体の課題として捉えて組織的に取り組み，解決していくことが重要である。園によっては，保育カウンセラーや臨床心理士による巡回相談，メールによる相談なども行っている。何より保護者が「相談してよかった」と感じ，子育てを支えてくれる人がいるという安心感がもてる相談となるようにかかわることが求められている。

（2）情報の提供
　現在，幼稚園や保育所，認定こども園は子育て支援センター的役割を担い，その1つとしてさまざまな情報を提供している。地域行事のチラシや案内情報誌，基本的な生活習慣やしつけなどの子育てのヒントになる情報誌を置いてあるコーナーを玄関や未就園児が集まる場所などに設けている園が多くある。園だよりを配布したり，ホームページを開設したりしている園も増えている。子どものすばらしさや子育ての楽しさが伝わるように，明るくわかりやすく，具

体的に伝える情報発信の工夫をしていくことが必要である。

　「子育てサロン」や「子育て広場」といった名称で地域の人が交流して，子育て仲間づくりや情報の交換をしたり，悩みを話したりできる場所や機会を定期的に設けている所もある。丁寧に，温かな雰囲気を大事にして迎え入れ，「また来てみたい」「来てよかった」と思ってもらえる過ごし方ができるような時間や場所を配慮したい。

（3）親子参加型の事業

　子育ての楽しさや子どもが育つ喜びを，実際の場面で体験しながら伝えていく工夫の1つが保育参加である。保育参加は，保育を参観するだけでなく，保育そのものにかかわることで，保育とはどういうものなのか乳幼児期の保育・教育について知ってもらうよい機会である。乳幼児期の遊びが大事であるということの意味を，保護者自身が子ども達と一緒に遊ぶなかで理解していくことができる。また，保護者が，自分の子どもを客観的に見られるようになるという成果も見込まれる。さらに，子どもの年齢的な発達についての見通しがもてる縦の広がりと保護者同士の連携という横の関係の広がりを期待できる。

　最近では，子育て支援の1つとして「父親の会」とか「パパさんデー」として父親の参加を行っているところが増えている。父親の力強さやたくましさを生かした木工やスポーツなどの活動内容を準備し，保育のなかで取り入れることが多い。また，「子どもにどのようにかかわってよいかわからない」という父親もいる。子どもと遊ぶことは特別なことをしなければならないのではなく，子どもがしていることを一緒に楽しめばよいのだと不安を解消するような配慮が必要である。その結果として，父親同士のつながりが深まったり，子育てについての話が盛り上がったり，地域の人との関係を広げたりということがみられるようになっている。母親任せになりがちな子育ての負担感を軽減し，夫婦で助け合いながら子育てをしていくことにもつながる。

　保育参加を実施するにあたっては，保護者への事前説明や諸準備，保育者の連携が欠かせない。保護者が取り組みの意義を理解することによって，実施後

の感想や意見も違ってくるからである。保育者は，負担や保育を見られることへの緊張感の増す活動ではあるが，保育参加が保護者自身の成長を促し，子育て支援の重要な方法の1つであることを意識して取り組んでいくことが大事である。

（4）預かり保育

　預かり保育は，幼稚園の通常保育が終わった後，希望すれば子どもを時間延長して預かってもらえる制度である。「教育課程に係る教育時間終了後等に行う教育活動など」として，文部科学省で推進している取り組みであり，保育時間は地域の実情や保護者のニーズに合わせて設定されている。現在では，多くの幼稚園が預かり保育を実施し，今後も需要が増えていく傾向にある。預かり保育は，図5−2にあるように，公立幼稚園では，66.0％，私立幼稚園では，96.5％が実施している。その内容はさまざまであるが，すでにある人材や施設をうまく活用する方法を考えていくことが必要である。

　なお，この預かり保育は，2015（平成27）年度より実施の子ども・子育て支援新制度において「一時預かり事業」の「幼稚園型」として位置づけられている。

　幼稚園教育要領にも，子育て支援と預かり保育の充実がうたわれている。子どもの一人ひとりの立場や気持ちに配慮し，通常保育と預かり保育の連続性や生活の充実という観点から，落ち着いてくつろげるようにソファーや畳を用意するなど物的環境の工夫や生活の仕方にも十分な配慮が必要である。また，家庭で普段遊んでいるパズルや塗り絵，ブロックなどの遊具を用意したり，幼児の心身の状態に応じておやつや昼寝の時間を設定したりしている。

　預かり保育を実施する配慮事項として，次の点があげられる。

① 通常保育の活動を考慮し，幼児にふさわしい無理のないものにすること
② 通常保育の保育者と緊密な連携を図ること
③ 家庭や地域での生活を考慮し，預かり保育の計画を作成すること

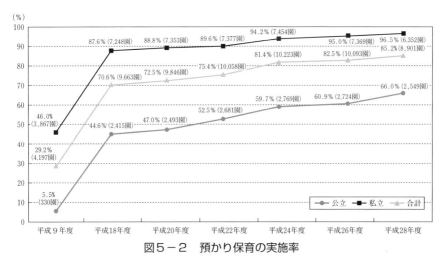

図5−2　預かり保育の実施率

出典　文部科学省初等中等教育局幼児教育課：平成28年度幼児教育実態調査，2017

④　家庭との綿密な連携を図り，保護者の意識を高めること
⑤　地域や保護者の事情とともに，幼児の生活リズムをふまえること
⑥　適切な指導体制を整備し，保育者の責任と指導の下に行うこと

　預かり保育は，家庭的な雰囲気のなかで，保育者もゆったりした気持ちでかかわることができ，気がかりになっている子どもとじっくり向き合う機会をもつこともできる。そうしたことが，日常保育の充実につながっていく。預かり保育担当の職員にまかせきりにするのではなく，通常の保育にあたる保育者との引き継ぎを確実にすることが必要である。保育者にとっては普段は見せないその子の一面に気づかされ，幼児理解が深まることが期待でき，子どもにとってもいろいろな大人とのかかわりができるというよさがある。

3．地域に開かれた保育
── 子育てコミュニティーの中核として

（1）園庭開放

　幼稚園や保育所，認定こども園は，自然環境を多く取り入れ，子どもを安心して遊ばせることのできる場所として，施設や園庭を定期的に開放しているところが多い。内容は，園の施設や遊具で自由に遊ぶ，親子で参加するプログラムがある，在園児と遊ぶ，給食の試食，運動会や餅つきといった行事に参加するなど園によって異なる。子ども同士，保護者同士のふれあいの場として，また幼稚園や保育所，認定こども園がどんなところなのか見学も兼ねて気軽に出かけることができる。在園児にとっては通常の保育とは違う雰囲気や行動の仕方にも変化を感じることが予想されるので，一層きめ細かな目で施設設備の安全に留意するとともに，職員の共通理解と連携が欠かせない。

（2）未就園児の親子登園

　幼稚園では，週に1，2回定期的に未就園の親子で活動するプログラムが計画されていて楽しく参加することができるようにしているところが多い。家庭ではなかなかできない，絵の具画，リズム遊び，季節に合った製作などが体験できる。そのような活動に取り組むわが子のうれしそうな姿やほかの子どもの様子を見ることで，子育ての喜びを感じたり，安心したり，ともに子育てをする仲間として語り合うきっかけができたりする。入園の頃には，園の環境や雰囲気になれ，親しみをもち入園後の生活がスムーズにいくという成果もみられる。卒園児の保護者にボランティアとしてきてもらえると，子どもとだけになりがちな関係の育児のなかで，「誰かに気持ちを話したい」と思っている母親にとって，いろいろなアドバイスをしても

らえる子育ての先輩として期待される。ときに，在園児の保護者から，未就園児の保育よりも在園児の保育に力を入れてほしいという声が聞かれることがある。通常の保育の充実が重要であることはもちろんであり，保育者は日々の自分の保育を素直に反省・評価する必要がある。さらに，保護者の「ウォンツ（要求）」と「ニーズ（必要性）」をきちんと分けて考え，要求については，園の考え方を保護者に伝え園の意図を考えてもらえるようにする必要がある。

（3）一時預かりや子育て支援センター

　保育所などでは，保育所に通っていない親子にも病気や出産などの緊急時や育児の精神的・肉体的な負担解消のために預かる**一時預かり**の制度がある。また，急な用事やリフレッシュなど子育てのさまざまなニーズに合わせて子どもを一時的に預かる事業が，「子ども・子育て支援新制度」の趣旨を受け，地域の実態などをふまえて，拡大充実してきている。ほとんどが保育所への併設だが，地方自治体の独自の事業として専用の施設を持ち「子育て広場」として地域子育て支援センターの機能を果たしているところもある。また，親子の集う場として児童館，NPO，大学などで事業として行われるようになってきた。
　しかし，特に注意したいのは子どもへの負担である。親にとって便利な制度であっても，子どもにとっては「急に知らないところへ連れてこられて親から離された」という不安感を与えるおそれがある。利用にあたっては，預ける前に子どもを連れて行き，子どもの不安を和らげておくことが必要である。

（4）地域の人の招き入れ

　園で行うさまざまな行事に地域の未就園児や高齢者の方々を招くことも子育て支援の1つである。地域の人に盆踊りを教えていただいたり，伝承遊びを教えてもらったりということができる。気軽に立ち寄ってもらえるようにするためには，保護者や地域の人と常にあいさつを交わし，温かいつながりを築いていくことが大事である。それによって，幼稚園や保育所，認定こども園があってよかったと感じてもらえるようになり，地域全体で子育て支援に取り組み，

「地域の子どもは地域で育てる」といった意識を高めていくことになる。

(5) 地域の行事への参加

地域には商店街や自治会・町会などの住民が企画，運営するお祭りなどの行事がたくさんある。ホールで合唱や合奏を披露したり，展示コーナーに子どもたちの作った絵画作品や写真を掲示したりするなどさまざまな工夫によって行事に参加できる。これらは，園の存在や活動内容について多くの人に関心をもってもらい，幼児教育・保育への理解を促すよい機会となる。また，教職員もボランティアで運営に参加することにより，地域の人とのネットワークづくりができる機会となる。園に地域の人を招き入れるだけでなく，園から地域に出かけていくことにも積極的に取り組んでいきたい。

(6) 教育，福祉，医療機関との連携

育児ノイローゼや児童虐待が増加する社会状況のなかで，そういった人が参加できる子育て支援の工夫については今後の大きな課題である。

また，最近では多動が目立ち注意力が散漫な子どもや読み書き計算，推論などで困難を抱える子ども，コミュニケーションがうまく取れない子どもなど支援を要する子どもの実態がクローズアップされている。早期発見に努め，適切に対応することでこうした症状を軽くすることができるといわれている。

保護者や保育者の子どもの行動面や心についての気がかり，病院受診についての迷いなどは尽きず，子どもの成長に伴って長期的な見通しをもってかかわっていくことが求められるようになる。ソーシャルワーカー，保育カウンセラーのような専門家への橋渡しや子育て支援センター，児童相談所，あるいは医療機関とのネットワークづくりが最も重要な課題である。連携機関では，子どもや家庭の状況に応じて，言語などの専門スタッフが相談や指導を行っている。また，運動面に心配がある場合は，理学療法士，作業療法士が相談に応じ訓練を行っている。円滑な連携は，保護者からの信頼を深め，何より，子どもが安心し，落ち着いて生活を送れるようになる。

4．専門職間の連携・協働

（1）保育者間の連携・協働

　幼稚園や保育所，認定こども園にはさまざまな専門職がおり，クラス担任の保育者には，それらの人々と連携・協働して保育を進める姿勢が求められる。
　幼稚園では，担任だけでなく副担任やフリー保育者が一緒に保育に入る場合もある。また，発達に困難さを抱える子どもに介助員がつく場合もある。複数の役割の異なる保育者が保育にかかわる場合には，それぞれの役割とともに，クラス集団として担任を中心に連携をとり，今必要な役割を臨機応変に果たせるようにしたい。また，保育者同士が子どもの実態や保育について共通理解を図り，課題を出し合うことで，より連携のとれた保育を進めることができる。
　また幼稚園では，通常の保育時間後に預かり保育を行う園が多い。子どもがとても疲れている，なんだか機嫌が悪いなど通常の保育時間での子どもの心身の状態を預かり保育の担当者に伝えたり，活動内容を互いに伝え合ったりするなど，子どもの在園時間を見通してそれぞれの立場からの連携が必要となる。
　保育所や認定こども園においては，保育者の勤務時間8時間より長い時間開所されているため，保育者1人でクラスの保育を担うことはできない。早朝や夕方の延長保育の時間を担当する保育者と，子どもの様子や保育上の連絡事項など情報の伝達や連携を確実に行い，協働してチームで保育を担う。日中の保育時間においても，保育者が複数で保育を担当することが多い。子どもたちの生活をスムーズに進めるために，またそれぞれの保育者がよさを発揮して豊かな保育が展開されるよう，お互いを尊重し細やかに伝え合い連携をとる。

（2）保育者以外の専門職との連携・協働

　保育所には，保育士以外の専門職もいる。看護師とは，体調不良の子どもが出た場合や健康への保育内容，保育環境への示唆など専門家としての視点から助言や支援を得ることができる。医療の専門職としての看護師の立場と，子ど

もの育ちを遊びや生活を通して援助する保育士の立場では，重要と考える視点が異なることもある。たとえば清潔を過度に重視しては，子どもの生活が成り立たない場合もあるので，子どもの育ちにどのような生活がふさわしいのかという考えを保育士としてしっかりもち，意見交換をしていきたい。

近年**食物アレルギー**のある子どもが増え，栄養士や調理員との連携も欠かせないものとなっている。それだけでなく，3歳未満の子どもの場合には，早く眠くなってしまい，給食を早く用意してもらうこともあり，日頃から連携がスムーズにいくような関係づくりが必要である。その他，子どもと一緒に給食を食べて子どもの様子を見てもらったり，クッキング保育を担当してもらったりと，近年進められている食育の観点からも連携の機会が多くなっている。

認定こども園でも，幼稚園や保育所同様の専門職間の連携が必要となる。

また，保育時間内に体育，音楽，美術，英語などの講師を園外からお願いし，一定の時間を受け持ってもらう園がある。それぞれの講師はその分野の専門的知識や教授法を習得しているだろう。しかし保育のねらいは，ある特定の領域の能力を伸ばすことではなく，子どもの全人的な人格形成の基礎を培うものである。保育者としては，子どもの遊びや生活にそれをどのように生かせるかを考えたい。また，その時間をリードしてくれる講師がいるため，保育者にとって子どもの様子をじっくり見ることのできる機会ともなる。その時間に得たヒントや子どもの様子を保育へつなげていくことが保育者の役割であろう。

5．専門機関との連携・協働

子どもの育ちの様子は一人ひとり異なるが，それでも発達がゆっくりではないかと心配になる場合もある。幼稚園や保育所で子どもの様子を見て，発達支援の専門家として相談にのってくれる巡回相談員や保育カウンセラーを配置している自治体もあるので，子どもの様子を多面的に捉えられる機会としたい。

発達がゆっくりで，地域の発達支援センターや特別支援学校などを利用し，言葉や認知，身体運動の発達などへの支援を特別に受けた方がよいと思われる

場合，保護者にそのような機関へ行くことを勧めるには，保護者が子どもの様子についてどのように感じ考えているのかを把握し，慎重に進める必要がある。自分の子どもの様子しか知らない場合，保護者は発達が遅いと思っていないこともある。そのようなときに，他機関へ相談に行くことを勧めても受け入れられない場合があり，地域の専門機関と連携を取っていたというだけで，保育者に対して拒否感を持たれることもある。保護者の心情に寄り添いつつ，子どもの育ちにどのような環境がよいのかともに考える関係を築く必要がある。

　子どもがすでに発達支援センターや医療機関に通っている場合には，それらの機関と連携を取り，園生活への助言を受け，子どもにとってよりよい環境をつくることができる。その場合にも，あらかじめ保護者に通所している機関と連携を取ることへの了解を求めてから進める細やかな配慮が必要である。

　疾病や障害が認められる場合には，必要に応じて園医や嘱託医に相談する。また不適切な養育の兆候が認められる場合には，園内での検討だけでなく，保健センターなどの行政，医療機関，学校，警察，児童・民生委員などで構成され市町村に設置されている要保護児童対策地域協議会において検討し，地域の諸機関が連携して虐待の予防や対応を行う。要保護児童対策地域協議会は，問題が起きてから開催されるのではなく，いざというときにスムーズな連携がとれるように，日頃から顔を合わせ情報交換を行うことが望まれている。虐待が疑われる場合には，保育者には市町村や児童相談所に通報する義務がある。虐待でなかったらなどというためらいや守秘義務より，通報義務が優先する。

　不適切な養育の要因は多様であり，保護者本人だけでなく，経済状態や夫婦関係，祖父母との関係など生活上の問題を背後に抱えていることが多々ある。保育者は，保護者がどのような問題を抱えているのか把握し，社会福祉協議会や担当行政部門を紹介するなど必要な援助ができるように心がけたい。

　これまで述べてきたように，保育者は園内外の専門職や機関と連携を取る機会が多い。それぞれの専門性を尊重しながらも，保育者として子どもの遊びや生活，育ちについての専門的視点から意見を述べられるよう，保育者としての専門性を向上させたいものである。

6．地域型保育事業における連携

(1) 地域型保育事業の保育者

　地域型保育事業は，2015（平成27）年から施行された子ども・子育て支援新制度のもとで，新たに市町村の認可事業となったものであり，児童福祉法第24条第2項に定められた，**家庭的保育事業等**（家庭的保育事業，小規模保育事業，居宅訪問型保育事業，事業所内保育事業）により実施される保育事業である（表5-1）。いずれも小規模で，保育が必要と認められた0~2歳児までの保育事業であり，事業類型によって職員資格が保育士，家庭的保育者などと異なっている。**家庭的保育者**は，市町村が行う研修を修了した保育士，保育士と同等以上の知識および経験を有すると市町村が認めた者である。

(2) 地域型保育事業と保育所等との連携

　地域型保育事業に関しては，「家庭的保育事業等の設備及び運営に関する基準」において，家庭的保育事業者等の一般原則，保育所等との連携，利用児を

表5-1　地域型保育事業の認可基準

事業類型		職員数	職員資格
小規模保育事業	A型	保育所の配置基準+1名	保育士
	B型	保育所の配置基準+1名	1/2以上が保育士 保育士以外には研修を実施する
	C型	0~2歳児3：1（補助者を置く場合，5：2）	家庭的保育者
家庭的保育事業		0~2歳児3：1（家庭的保育補助者を置く場合，5：2）	家庭的保育者 （+家庭的保育補助者）
事業所内保育事業		定員20名以上…保育所の基準と同様 定員19名以下…小規模保育事業A型，B型の基準と同様	
居宅訪問型保育事業		0~2歳児　1：1	必要な研修を修了し，保育士，保育士と同等以上の知識及び経験を有すると市町村長が認める者

出典　内閣府：子ども・子育て支援新制度ハンドブック（平成27年7月改訂版），2015，p.8

平等に取り扱う原則，虐待等の禁止，秘密保持等，施設の設置基準などが定められている。地域型保育事業は小規模であり，0〜2歳児のみが対象である。そのため，保育が適正に行われ，家庭的保育等を終了した後も必要な教育や保育が継続的に提供されるよう，下記の内容について連携・協力を行う保育所，幼稚園または認定こども園を適切に確保しなければならないとされている。

・利用乳幼児に集団保育を体験させるための機会の設定
・保育の適切な提供に必要な相談，助言，保育の内容に関する支援
・職員の病気や休暇等で保育を提供できない場合の代替保育の提供
・保育の提供の終了に際して，保護者の希望に基づき，連携施設において受け入れて教育または保育を提供すること

家庭的保育事業等は，少人数で家庭的であるという特色を保持しながら，そこでの困難な内容を保障するものである。家庭的保育者が1人で保育する場合には，家庭と同様に密室保育となる可能性があり，不適切なかかわりが生じる危険性もはらんでいる。連携施設としては，施設保育とは異なる点を理解し，方針を尊重しつつ，保育者としての倫理観（第11章）に基づき，子どもの最善の利益が図られるよう支援や助言をしていきたい。

 討論のテーマと視点

① いろいろな機関の子育て支援事業の情報を収集し，どのような支援を行っているかについて考え，その成果と課題について話し合ってみよう。
② 子育て相談の場面で，保育者，保護者をロールプレイで演じてみよう。その後の気持ちの変化を捉え，保護者と保育者がよりよい関係を築いていけるかかわり方を考えてみよう。

■参 考 文 献

・これからの幼児教育を考える　2008夏，ベネッセ次世代育成研究所，2008
・ベネッセ次世代育成研究所：第2回幼児教育・保育についての基本調査（幼稚園編），2012

第6章
小学校の先生と連携する保育者

　2017（平成29）年の**幼稚園教育要領・保育所保育指針・幼保連携型認定こども園教育・保育要領**の改訂（改定）において，幼児期に育みたい3つの資質・能力が，①豊かな体験を通じて，感じたり，気付いたり，わかったり，できるようになったりする「知識及び技能の基礎」，②気付いたことや，できるようになったことなどを使い，考えたり，試したり，工夫したり，表現したりする「思考力，判断力，表現力等の基礎」，③心情，意欲，態度が育つ中で，よりよい生活を営もうとする「学びに向かう力，人間性等」という形で示された。また「幼児期の終わりまでに育ってほしい姿」として，①健康な心と体，②自立心，③協同性，④道徳性・規範意識の芽生え，⑤社会生活との関わり，⑥思考力の芽生え，⑦自然との関わり・生命尊重，⑧数量や図形・標識や文字などへの関心・態度，⑨言葉による伝え合い，⑩豊かな感性と表現という具体的な姿が挙げられた。これらは，保育者が保育を行う上で共通にイメージをして目指す方向であり，子どもたちの中に何が育っているかを社会の人々や小学校の先生達にも具体的に理解できるように示されたものである。小学校学習指導要領においても，そうした幼児期の教育の考え方，取り組みが小学校の初期の教育において生かされるような指導の工夫を求めている。

　2008（平成20）年の**幼稚園教育要領・保育所保育指針**の改訂（改定）においてもすでに，幼稚園・保育所等の保育は，小学校教育およびその後の教育の基礎であるとされ，子どもの生活や発達・学びでの連続性を考慮し，小学校教育

と接続・連携させることが明記されていた。これにより，子ども同士の交流，保育者・教育者の合同の研修の機会は増えてきたが，2017年はさらにもう一歩進み，乳幼児期の教育から義務教育，その後の教育にまでつながっていく道筋が明確に示され，体系的に教育課程をつなげていくことが目指されている。

　実は，幼児教育と小学校教育との円滑な移行のための大きな1つの試みとしては1989（平成元）年から小学校に新しく誕生した「**生活科**」がある。子どもたちに「生きる力」を育むため，低学年児童の心身の発達の特徴を考慮し，保育で重視される「具体的な活動」を取り入れるというそれまでになかった新しい教科として生活科は誕生した。小学校入学後は，この生活科を核とした「スタートカリキュラム」と呼ばれる入学当初のカリキュラムに沿って，各教科の本格的な学びへと円滑につなげていくこととなる。それでは，園と小学校が連携するとはどういうことで，そのためにはどのような課題があるのだろうか。

1．幼稚園・保育所等から小学校への段差とは

（1）なんでこうなるの？ ―― 小学校でのとまどい

　小学校に入学してきた子ども達ははりきって「いつ勉強がはじまるの？」と，よく尋ねてくる。入学して最初の1週間ほどは学校の生活そのものを覚えるために費やされ，教科書を使ったいわゆる「勉強」らしいことはしないからである。入学時に最も子どもがとまどい，神経を使うことは，小学校という場での生活の仕方を覚えることである。それがどういうことか，保育の場における5つの視点である「五領域」という目で小学校と園との違いを見てみよう。

1）＜言葉＞「先生が英語を話すからわからない」

　幼稚園・保育所・認定こども園において自分の思いをもち，表現すること・伝えることの楽しさ，人の話を聞いて考えることの面白さを育ててきた子ども達は，次の段階「言葉を主な手段として，授業という場のなかで考える」ことを学んでいく。勉強の内容だけではなく，生活の仕方についての相談に至るまで，言う，書く，読む，という「言葉を使って考える」ことが中心になる。し

かし6歳から12歳までを対象にしている場で使われる言葉は，ときに入学したばかりの子どもたちには難解な場合もある。「先生が英語で話す…」とは高学年から1年生の担任になった先生のクラスにいる子どもが言った言葉だ。小学校の文化のなかでは当たり前のように使われている言葉が，子どもにとって高いハードルになることもある。テスト用紙の問題の問い方が，入学当初は「～しましょう」だったのに，しばらく経つと「～しなさい」になったことを「テストが威張っているね」と表現した子どももいた。せっかく保育のなかで育ててきた柔らかい感性を生かすような接続の仕方が求められるところだ。

2）＜表現＞「好きなようにかいていい」とはいっても…

　これは図工の時間の出来事である。9月にあった動物園での写生のとき，ある子どもは，対象の動物以上にそこにあった看板をていねいに写生していた。そして，絵の横に堂々と「うれしかった」という言葉を2つも添えたのである。ようやくひらがなを全部書けるようになった2学期の1年生にとって，動物園の看板が読めるという喜びは，何物にも勝るものだったのであろう。彼は，こう書くことによって自分はこんなに成長したんだということを表現したかったのだろう。しかし，もしこの絵を「図工の常識の枠」からだけで見てしまうと，規格外の失敗作として描き直すことになりかねない。大人の常識の枠には収まらない子どもの表現を，どのようにして「教科」との関係で捉えていくか。図工に限らず，こうしたことが1年生の生活ではよく起こる。

3）＜環境＞わざわざメッセージを与えておいて…

　幼稚園・保育所は「環境による教育」ということが打ち出されて久しく，どの園も「幼児を育てるのにふさわしい環境」であるかという点から見直されてきた。一方，多くの小学校の校舎はまだ「1列に並んだ同じ形式の教室と，長い廊下」から成り立っている。現在では新しく"子ども達の生活する場所"という視点から設計された学校もでき始めてはいるが（福岡市立博多小学校[1]など）まだまだ子どもの目線からはつくられていないことが多い。長い廊下は，子ども達に「全力で走ってごらん」と語りかけ，階段の手すりは「滑り台みたいで楽しいよ」と誘いかける。しかしそれらはすべて禁止事項である。つ

まり，幼稚園・保育所で育ててきた，ものと出会って素直に「面白そう」と感じる心，「やってみよう」と動く体を，ある場面（授業等）では発揮し，ある場面では考えて抑制しなくてはならない。保育のなかでも，例えば避難訓練などでは気持ちと関係なく行動することが求められるが，小学校ではさらに，時と場合によって"考えて"行動することが求められるのである。

4）＜健康＞できる・できないではなく楽しむ体育

　健康で安全な生活を送るために自ら考え行動する力や，柔軟に動く体を育てることは保育でも教育でも重視されてきている。しかし，それが「逆上がり」「水泳」などという限られた技能の習得に限定され，これを身につけさせておかないと小学校に上がってから困るのではないかと誤解している保護者や保育者は少なくないのではないか。しかし，それらの技能を早くから訓練しすぎた結果，「できないと困る」という考えに縛（しば）られて，苦手意識をもってしまうことさえある。そのため小学校の低学年の「体育」は，さまざまな経歴をもつ子ども達が，できるできないにこだわったり，劣等感をもったりしないように配慮しながらスタートする。全体がイメージのなかで遊ぶ（忍者の修行・オリンピックをやろう）ような形で行われることもある。体づくりという考え方においても，ただ運動能力が高ければいいという価値観から変わろうとしているのが現在の小学校の体育である。この点では「できないとかわいそう」という思いに縛られているのはむしろ保育者の方なのかもしれない。

5）＜人間関係＞6歳から12歳までの育ちをする場

　幼稚園時代に仲間を引き連れて威張っていたある男の子が，小学校で「まねっこあそびをいたしましょう」などという歌詞を真面目な顔で歌っていたので驚（おどろ）いたことがある。かつての彼なら「こんなカッコ悪いの歌うもんか」と言いかねないような歌でも，真剣に歌う。それは，一生懸命背伸びをし，つっぱって幼児期を生きてきた彼が，次の世界に合わせようとやはり一生懸命頑張っている姿だった。この例に象徴されるように小学校における1年生は，幼保でのその子の姿と関係なく，一様にかわいい存在として扱われてしまうことが多い。育ててきた保育者は「せっかく年長らしく誇りをもって育ったのに」

と感じるかもしれないが，12歳の6年生から見たら1年生はやはり幼くて世話をしたくなる存在であることには違いない。このように6歳を頂点とする集団のなかでの6歳児と12歳から見下ろしてみる6歳児とでは，当然違い，そのため期待されることも違うというも起こり得る。ときに1年生が，やればできることも黙って6年生に世話をさせることも，反対に6年生が，思っていたよりもできることがわかって1年生を見直したりすることも，ある意味では，他者を知ること—異文化理解—なのかもしれない。

（2）生かされた経験・生かされなかった経験 —— 段差を越える力とは

　このように6歳までを育てる場と12歳までを育てる場のあり様が違っていることは当然であり，その段差を越えて新しい文化に合わせようとすることでまた大きく成長することもできる。子ども達はこのような"違い"と出会うなかで，とまどいながらもそれを理解し，小学校での新しいやり方を体得していく。そのとき支えになるのが保育のなかで培ってきた力と経験なのである。

　ある1年生の例をあげよう。その子は，勉強は苦手だという意識があり，授業のなかでは休み時間のはつらつさはなく我慢しているという感じで過ごすことが多かった。その彼が「生活科」の「作って遊ぼう」の単元のなかで，保育所で教わった四つ編みを披露し「たかちゃんってすごい」と皆に感心され，四つ編みを教える役をやったことがきっかけになって，他の授業にも積極的に取り組むようになった。このように，それぞれの園が子どもに伝えてきた遊び—先生も子どもも夢中になった本当の意味での遊び—が「これなら得意」という自信につながることは多い。本気になって楽しんだ経験は，子どもの頭にも心にも体にも確かな力となって蓄えられているからである。

　一方で，せっかくの経験が生かされない場合もある。ある子どもは，算数の足し算が始まると，不安そうな顔で「保育園であさがおのたねまきとか字とか教わったけど，これはやってない」と担任に訴えてきた。「やってなくていいんだよ。みんな知らないから学校で勉強するんだよ」と言われ，ほっとした顔になったが，彼女にとっては，学校に行って困らないようにと園で先取りして

教わったことが，むしろ不安につながってしまった。せっかく新しい場で学べることを，先取りしてしまうことは，「学ぶ」楽しみを奪うことにもなりかねない。楽器なども練習してくる園は少なくないが，それぞれのやり方で教わってくるため，小学校での最初の授業では，楽器に付けたシールや印などを取り，白紙の状態に戻すことが必要になる。なかには，「それ，もうやった。知ってる」と授業を聞かずにいるうちに，わからなくなってしまう子さえいる。学校での「学び」に真の意味でつながっていくために，保育のなかで育てるべき力は何なのか，改めて考えてみる必要があるだろう。

（3）「接続期」という捉え方 ── 段差をどう生かすか

　送る側，受け入れる側がそれぞれの視点のみに偏って子ども達を見てしまっては，せっかくの成長の機会を見逃すことにもなりかねない。幼稚園教育要領，保育所保育指針，幼保連携型認定こども園教育・保育要領が強調する「小学校教育との円滑な接続」では，入学に際し子どもが困らなくなることのみが目的ではなく，園と学校が互いの独自性をより理解し合い6歳から7歳にかけての成長をともに見守る姿勢をもつことが求められている。年長の後期から1年生の前期を「**接続期**」[*1]という捉え方で見直し，その時期にふさわしいカリキュラムを検討するなかで，子どもの成長を幼保小，さらには中学校までを視野に入れた長期的な見通しをもって捉えることも可能になるのである。

　先がけて文部科学省の指定を受け「接続期」の研究に取り組んだお茶の水女子大学附属幼稚園・小学校での「話す・聞く活動」を例にあげてみよう。幼稚園では帰りのひとときに集まって先生の話を聞いたり相談したりしていた子ども達であるが，接続中期にあたる入学から5月の連休までの時期は「朝の会」のスピーチを同様に体を寄せ合う近い関係で聞き，連休後の接続後期からは座

[*1] 　お茶の水女子大学附属幼稚園・小学校の研究においては，「接続期」をさらに細かく，接続前期（5歳児10月～3月），接続中期（1年生入学～ゴールデンウィーク前），接続後期（ゴールデンウィーク明け～7月）と捉え，それぞれの時期にふさわしくカリキュラムの内容を工夫している。

席に座って聞くという具合に徐々に形を変えていったところ，スピーチする側はそれに合わせて声の出し方を変えていき，聞く側もより注意深く聞くようになるという変化がみられたという[2]。今までの教育には，このような「子どもの発達をつなげる」「段差を意識して育てる」という視点がなく「小学校のやり方に子どもを早く慣れさせる」ことを重視したため，幼保に対し「就学前にこういうことができるように育ててほしい」と一方的に要求を出しがちだった。今後は「接続期」という捉え方により，園・学校双方における子どもの「学び」の意味が改めて問い直されるのであろう。

２．子ども達の交流活動

（１）一人ひとりが見える交流を

　全国の多くの園・小学校ですでにお祭りや運動会に参加したり，音楽会に招かれたりといった形の**交流活動**は行われている[3]。そのほとんどは「お客さま」としての参加であり，終わった後も互いに「かわいかったね」「おもしろかったね」といった漠然とした感想のみで教員側もそれ以上を求めないことが多い。それでは連携につながる意味ある交流とはどういうものだろうか。

　こんな例がある。小学校１年生の教師が「生活科」のなかで隣にある幼稚園の年長児との交流を提案し，子ども達が「今度入学する年長さんを楽しませよう」と自慢の「こま」をもって意気揚々とやってきた。ところが，年長児には全くやる気のない子もいれば１年生よりずっと上手な子もいるという具合で，活動自体は楽しかったものの小学生達が予想していた活動とは少し違っていた。この活動後，小学校・幼稚園双方の担任が子ども達の様子について語り合う機会をもち，それをもとに１年担任がクラスの子ども達と相談して再度「おみせやさん」を開いて今度は小学校に招いていてくれた。就学時健診のときには緊張しながら行った学校だが，年長児達は前回親しくなった１年生と会うことを楽しみに，隣の家に遊びに行くような気持ちで出かけて行った。するとその話を聞いた５年生の学年主任が「来年ペアを組む５年生との交流もやりませ

んか」ということで、さらに今度は5年生が1年生とペアになって小学校を案内した上、一緒に遊ぶという活動に発展し、ひとしきり子ども達が小学校と幼稚園を行き来する経験をした。もちろん全員がその小学校に上がるわけではないのだが、そのことで年長の子ども達にとって小学校がぐっと身近になった。

またこんな例もある。入学してしばらく経った頃、1年生の担任が子ども達を送った帰りに、通り道にある幼稚園の保育者に呼び止められた。「見てください」と愉快そうに指差す先を見ると、自分のクラスの男の子2人がカバンを地面に置いて、誰もいない砂場で遊んでいるではないか。「時々、帰りに遊びに来るんですよ」という保育者の声にもう一度よく見ると、学校にいるときとは違って実家に帰ったかのような無邪気な顔でじゃれ合っている。担任は、子ども達が新しい世界で奮闘している毎日にこんなひとときがあることを知り、またそれを受け入れてくれる場所があることをありがたく感じたという。

どちらの事例にもその背景には、日常的に声をかけやすい教職員同士の人間関係がある。「交流活動」を1回きりの行事として計画を立てると、「子どもが困らないように」「失敗しないように」ということに心を砕きがちだが、むしろ両者の思いのずれや、誤解による失敗は起こるものと考え、そこから学ぶことを恐れないような、「よそいき」ではなく普段着の交流もあっていい。そしてそこで出てきた新しい発見について互いに語り合えるようでありたい。そのためには園と学校が「子どもを一緒に見守る」姿勢が必要になってくる。

（2）交流から何が生まれるか

先の事例で1年生から招待された年長児は、年度末にあった1年生の学習発表会参観の際「○○くんだ」「○子ちゃんが出てる」とうれしそうに見入っていた。入学した子ども達にはさらに6年生になった相手との再会のドラマがあったかもしれない。交流の基本は一人ひとりにとっての"人"や"もの"との出会いであり、その成果は丁寧に個々の事例を見ていかなくてはわからない。年に何度か交流の機会があれば、その度ごとの振り返りだけでなく、以前の交流と比べての変化についても考えていく必要がある。

(3) 連携を進める交流の視点とは

　丹羽[3]らが2005（平成17）年に幼稚園・小学校の教員を対象に行った調査では、「異年齢の交流活動」について、幼稚園に比べ小学校の教員は子どもの変化を重視しており、それぞれの指導観の共通理解を図ることに関してはあまり意識していないという結果が出ていた。しかし、2008（平成20）年改訂の小学校学習指導要領に「小学校間、幼稚園や保育所、中学校及び特別支援学校などとの間の連携や交流を図る」と明記されたことにより、連携の重要性が認識されはじめ、「幼児教育実態調査」（文部科学省、2008）によると、幼稚園と小学校における幼児と児童の交流の実施率は56％、教員同士の意見交換等の交流の実施率は55％と、連携についての意識が変わってきたことがうかがえる。

　一方で「都道府県・市町村教育委員会に対する調査」（文部科学省、2009）では、ほとんどの教育委員会が幼小接続の重要性を認識しつつも、都道府県教育委員会の77％、市町村教育委員会の80％において、幼小接続のための取り組みが行われていない現状も明らかになっている。これを反映して「幼児教育実態調査」では、幼保小の連携に関して「年数回の授業、行事、研究会などの交流があるが、接続を見通した教育課程の編成・実施は行われていない」とする保育所・幼稚園が62.1％と最も多く、教育課程の接続まで進めている園は17％と、交流に基づいた連携は始まったばかりであるという感がある。

　幼保小の連携が、子どもの発達や学びの連続性を確保することを考えると、卒園後の長い道のりを見通した保育・教育の流れをつくることは不可欠である。育てる大人の側が、子ども同士の交流をきっかけに互いの保育観・教育観について話し合い、連続性のある教育課程を作成することが求められている。

3．大人達の連携

（1）連携のさまざまな形
1）保育・授業参観

　一般的に行われているのが、進学した1年生の授業の参観であるが、これか

らは逆に小学校の教員が幼稚園・保育所の保育を参観して，就学前の子どもの育ち方を知ることも重要になってくるだろう。その際，保育者が「遊び」の教育的な意味について，小学校の教員に伝えることも積極的にしていかなくてはならないだろう。どちらにしても，参観するばかりではなく，そこでの子どもの育ちについて語り合う時間をもつことが望まれる。

2）共同研究・共同研修

市町村によっては，すでに幼稚園と小学校の教員が一緒に研修会を行っている所もある。今後は，行政の枠を越えて保育所の保育者も一緒に研修が可能になることが望まれる。このような研修を経験した小学校の教員のなかには，生活科の単元を計画する上で，保育を知ったことが非常に役立ったという意見もあった。形だけの"共同"ではない互恵性のある研修をもちたいものである。

3）書類をきっかけにして

現在，就学にあたって子どもの育ちを支えるための資料として，幼稚園は**幼稚園幼児指導要録**，保育所は**保育所児童保育要録**，幼保連携型認定こども園は**幼保連携型認定こども園園児指導要録**[*2]を，小学校に送付することが義務付けられている。これらは，園での子どもの育ちを総合的に記載した書類であるが，書類の送付で終わらずに，それを元に一人ひとりの子どもについて実際に語り合う機会をつくることが重要であり，これからの課題であろう。

4）情報の共有

ある園でこんなことがあった。ある年長児が，発作を起こして倒れ，救急車で運ばれた。呼ばれてきた母親から，実はその子がこういう体質だということは承知しており，小学校3年生の兄も同じ体質なのだということを初めて聞かされた。幼稚園に伝えなかった理由は，小学校の先生に兄の体質について伝えたところ，過剰に心配され特別扱いされてしまったため友達関係に問題が生じてしまったからだという。学校に伝えて懲りてしまった経験が保護者の口を閉

＊2　幼保連携型認定こども園以外の認定こども園では，「幼保連携型認定こども園園児指導要録」を「認定こども園こども要録」に読み替える等して作成してもよい。その際，幼稚園型認定こども園においては幼稚園幼児指導要録を作成することが，また，保育所型認定こども園においては保育所児童保育要録を作成することが可能である。

ざさせてしまったのである。兄の在園中は，体質について幼稚園には知らせてあり，気をつけながら何の支障もなく生活できていた。この場合，幼稚園での生活の様子がうまく伝わっていれば，小学校での受け止め方も違っていたことだろう。兄の例のような誤解が生じないためにも，保護者と園と学校が十分に理解し合った上で，子どもについての必要な情報を共有していくことは子どもを守り育てる上で欠かせないことであろう。「幼保小連絡会」という名前で，就学する子どもについて，進学先の小学校の教員と保育者が，直接一人ひとりについて伝え確認し合う機会をもっている市もある。またある小学校では，そこに進学した子の出身園の担当保育者と，就学前，4月の参観後，夏休みと数回機会を設けて面談し，子どもの変化を伝え合っている。最近は個人情報保護法との関係で情報を伝えにくくなっている面もあるが，慎重に配慮した上でこのような必要な情報について伝え合っていく必要がある。

（2）見守る大人達のつながり
1）「違い」を理解し合う

　今まで述べてきたように，幼稚園・保育所・認定こども園と小学校での子どもの育て方が違うのは，ある意味では当たり前のことなのである。学校も，最近では45分の授業時間中ずっと座ったままでいるような形は減りつつあり，授業時間を区切るチャイムを廃止し（ノーチャイム）子どもの様子によって授業時間を延ばしたり短縮することが担任の判断でできるようなシステムになるなど，ずいぶん変わってきている。今まではその違いについて知る機会さえなかったが，互いの場についての理解を深め，どこで子どもがつまづくのかを考える機会になっていくことが望まれる。

2）「違い」を生かし合うために

　ある地域では，幼稚園・保育所・認定こども園と小学校，中学校とが互いに参観してよい日を設定してあり，連絡せずともその日は自由に参観できる。そのため職員同士も顔見知りになり，参観する・されるという緊張感が感じられない。このように開かれた関係ができていると，心配な子どもを見に行き，そ

の場で話をすることもできる。これからの時代は，このような「育てる側の関係」をつくっていくことが求められている。そして保育者は，学校から教員が来たときには，園での子どもの育ちや保育について，きちんと説明できるようでありたい。そのためにもまず，自分の保育と子どもの育ちについて，常に自分なりの考えをもつ「考える保育者」でなくてはならない。

（3）接続モデルカリキュラム

　幼保小の接続についてはここ数年で意識が高まってきており，国立教育政策研究所の調査[4]によると，各自治体で接続のモデルカリキュラムを作成した数は，平成20〜23年度に51自治体であったのに対し，平成24〜27年度では96自治体と倍増している。今後も各地域におけるカリキュラムの開発が進み，ますます子どもの育成に携わる者皆で考え合って地域の子どもを育てていくようになっていくことだろう。

 討論のテーマと視点

① 小学校学習指導要領や，1年生の教科書を読んで，保育のなかでの「学び」とのつながりについて考えてみよう。
② 近くの小学校の行事を参観する機会があったら，そのなかの指導の仕方で保育と違う点はどのような点か，またなぜそうなのか考えてみよう。
③ 地域の幼稚園・保育所・認定こども園・小学校がどのような交流・連携をしているのかを調べて発表し合おう。

■引用・参考文献

1）工藤和美：学校をつくろう！，ＴＯＴＯ出版，2004
2）お茶の水女子大学附属幼稚園・小学校：子どもの学びをつなぐ，東洋館出版社，2006，pp.69-74
3）丹羽さがの・酒井朗・藤江康彦：幼稚園・小学校の連携についての全国調査報告，2005
4）渡邊恵子（国立教育政策研究所研究代表者）：「幼小接続期の育ち・学びと幼児教育の質に関する研究」平成27〜28年度プロジェクト研究報告書，2017，p.44

第7章
学び，成長する保育者

「一人前の保育者になる」とは，どのようなことだろうか。

保育者を目指す人たちは「保育者になる」ことを1つのゴールに，養成校などで専門的な知識や技能を学ぶ。では，何を獲得すれば「保育者として一人前」なのだろうか。「保育者になる」というゴールに達するためには何をどこまで身につければよいのだろうか。

保育現場からは，「豊かな人間性」「基本的な生活ができること」「センス」「明るさ」「笑顔」など資質にかかわることと「ピアノは弾けておいてほしい」「手遊び，造形など保育技術にかかわることを学んできてほしい」という声をよく聞く。つまり「人として豊かであること」と「専門家としての力量」が問われているのである。

では，いつ，どこで，どのように身につけていけばよいのだろうか。本章では，「保育者になるための学び」（養成校などでの学び）と，「保育者になってからの学び」という2つの側面から「保育者になる」ためには，いつ，どのように何を学ぶ必要があるのかを考えていくことにしたい。

1．保育者になるための学び

（1）学生時代の学びとその意義　—— 豊かな人間性を育むチャンス

大学・短大・専門学校などの養成校で学ぶ学生たちにとって，そこでの学びは多くの意味で高校までとは異なっている。また社会人になる直前の時間を過ごすというかけがえのない場所である。

社会にでる前の時間をともに過ごした仲間は，一生の宝になるとよく言われる。またこの時期は（多くの学生は18歳から20歳代半ばくらいであると思われるが），青年期固有の課題にぶつかる時期でもある。精神的には「自分とは何者なのか」「自分は何をしたいのか」など自分自身を見つめ，自己を問い続ける悩み多き時代である。また社会的には，学校から社会へと渡っていく過程でもある。すなわち，「自立を獲得する時代」ともいえるだろう。

では，保育者を目指す者にとって学生時代とはどのような意義があるだろうか。大学・短大・専門学校での学校生活だけではなく，学校外でもさまざまな経験をするだろう。それらを通して「自分は保育者に向いているのか」と自己と向き合う機会や，多くの人との出会いを通して自分の人間性を磨くチャンスが豊かな時代ではないだろうか。あらゆる経験が学びであると捉え，ぜひ，自分を磨き，自分を豊かにする経験を積極的に積んでほしい。

（2）保育者に必要な資質・技能・知識を獲得する時期

保育者を志して養成校で学ぶ学生たちには，上述した青年期一般の課題とは別にもう1つ，「保育者としての専門性」を獲得するという大きな課題がある。具体的には，卒業するとまもなく，「先生」として子どもの前に立つことになる。そのためにも必要最低限の知識と技能を身につけなければならない。

各養成校では，幼稚園教諭免許状や保育士資格など，免許状や資格の取得のために必要な科目群と教養科目をはじめとするそれぞれの学校固有の科目とでカリキュラムがつくられている。また，幼保連携型認定こども園で働く保育者を「**保育教諭**」とよび，保育教諭には幼稚園教諭免許状と保育士資格を持つことが必要となる。ここでは主に幼稚園教諭免許状取得と保育士資格取得のために必要な科目について説明していくことにしよう。

1）幼稚園教諭免許状

幼稚園教諭になるためには**教育職員免許法**に基づく**幼稚園教諭免許状**が必要となり，養成校の教育課程で免許状を取得するために必要な科目と単位数は教育職員免許法などに定められている（表7-1，表7-2）。

表7-1　幼稚園教諭免許状取得に必要な単位

	基礎資格	教科又は教職に関する科目
専修免許状	修士	75
一種免許状	学士	51
二種免許状	短期大学士	31

表7-2　教科及び教職に関する科目の最低修得単位数

第1欄	教科及び教職に関する科目	左欄の各科目に含めることが必要な事項	専修	1種	2種
第2欄	領域及び保育内容の指導法に関する科目	領域（※1）に関する専門的事項 保育内容の指導法（情報機器及び教材の活用を含む）	16	16	12
第3欄	教育の基礎的理解に関する科目	教育の理念並びに教育に関する歴史及び思想 教職の意義及び教員の役割・職務内容（チーム学校運営への対応を含む） 教育に関する社会的,制度的又は経営的事項（学校と地域との連携及び学校安全への対応を含む） 幼児,児童及び生徒の心身の発達及び学習の過程 特別の支援を必要とする幼児,児童及び生徒に対する理解（※2） 教育課程の意義及び編成の方法（カリキュラム・マネジメントを含む）	10	10	6
第4欄	道徳,総合的な学習の時間等の指導法及び生徒指導,教育相談等に関する科目	教育の方法及び技術（情報機器及び教材の活用を含む） 幼児理解の理論及び方法 教育相談（カウンセリングに関する基礎的な知識を含む）の理論及び方法	4	4	4
第5欄	教育実践に関する科目	教育実習（※3）	5	5	5
		教職実践演習	2	2	2
第6欄	大学が独自に設定する科目		38	14	2

（※1）ここでいう領域は，いわゆる保育内容の5領域（健康，人間関係，環境，言葉，表現）のことを指す。
（※2）「特別の支援を必要とする幼児，児童及び生徒に対する理解」は1単位以上の修得を要する。
（※3）「教育実習」には，教育実習に係る事前及び事後の指導の1単位を含む。
　　　また，「教育実習」には，学校体験活動の単位を2単位まで含むことができる。

(教育職員免許法施行規則第2条)

2）保育士資格

保育士になるには**保育士資格**の取得が必要となる。保育士資格は大学や短期大学・専門学校等の指定保育士養成施設を卒業し，所定の単位を修得して取得する方法と，保育士試験を受験し合格することで取得する方法がある。ここでは養成校における修業科目と単位数などについて確認する（表7-3）。

3）各科目の位置づけ

幼稚園教諭免許状の科目，保育士資格の科目いずれにおいても，保育の本質や保育者の仕事の意義を学ぶ科目群，保育の対象である子どもそのものを理解する科目，具体的な保育技術にかかわる科目がある。

保育の本質や保育者の仕事の意義を学ぶ科目群では，人が人として育つとはどういうことか（保育の本質），なぜ家庭以外の場でも保育・教育を行うのか（制度の成り立ち），保育者の仕事の内容ややりがいは何か（教職の意義など）を学び，保育者として子どもとかかわることの意義や責任を学んでいく。

保育の対象である子どもそのものを理解する科目（「教職に関する科目」「保育対象の理解に関する科目」）では，乳幼児期固有の発達の道筋について学び，この時期に必要な具体的な教育や保育および養護の方法を学ぶ。

そして保育の内容や技術にかかわる科目では，保育内容の5領域や子どもの活動にかかわるもの，保育の具体的方法に関するものなど，より実践的に保育現場で求められる技能を修得していくことになる。

学生から，なぜ保育に関係のない歴史や思想を学ぶのかよくわからない，もっと実際に役立つ授業をしてほしいという声を聞くことがある。しかし，保育の本質にかかわる授業は必要のない授業なのだろうか。手遊びや歌，造形活動など，実際に保育現場での実習ですぐに「使える技能」「役立つ技能」の習得はそれだけ学んでも実は不十分である。なぜ子どもの歌を歌うのか，なぜ手遊びをするのか，造形活動は子どもにとってどのような意味があるのか，という保育場面における活動や現象の意味を理解するために，子ども理解があり，保育の本質を学ぶのである。このようにそれぞれの科目を位置づけ，関連づけることが大切なのではないだろうか。

表7-3 保育士養成施設の教育課程

系列		教科目	履修
必修科目	保育の本質・目的の理解に関する科目	保育原理（講義）	2
		教育原理（講義）	2
		子ども家庭福祉（講義）	2
		社会福祉（講義）	2
		子ども家庭支援論（講義）	2
		社会的養護Ⅰ（講義）	2
		保育者論（講義）	2
	保育の対象の理解に関する科目	保育の心理学（講義）	2
		子ども家庭支援の心理学（講義）	2
		子どもの理解と援助（演習）	1
		子どもの保健（講義）	2
		子どもの食と栄養（演習）	2
	保育の内容・方法に関する科目	保育の計画と評価（講義）	2
		保育内容総論（演習）	1
		保育内容演習（演習）	5
		保育内容の理解と方法（演習）	4
		乳児保育Ⅰ（講義）	2
		乳児保育Ⅱ（演習）	1
		子どもの健康と安全（演習）	1
		障害児保育（演習）	2
		社会的養護Ⅱ（演習）	1
		子育て支援（演習）	1
	保育実習	保育実習Ⅰ（実習）	4
		保育実習指導Ⅰ（演習）	2
	総合演習	保育実践演習（演習）	2
	小　　計		51
選択必修	保育に関する科目		6以上
	保育実習	保育実習Ⅱ（実習） 保育実習Ⅲ（実習）	2
		保育実習指導Ⅱ（演習） 保育実習指導Ⅲ（演習）	1
	小　　計		9以上
教養科目		体育（講義）	1
		体育（実技）	1
		その他	6以上
	小　　計		8以上

次に，実際の講義科目をみていくと，特に内容面で重なっている科目が非常に多い。試験前になると学生たちが「教育原理でも保育原理でも出てくるから頭が混乱する」と訴えてくることがある。しかし実はどの科目も「子ども」を中心にして，子どもを取り巻く幅広い内容をそれぞれの切り口から学んでいるのであり，すべては関連性があるはずなのである。時には同じ内容（例えば同じ人物や史実）を保育という切り口からと教育という切り口からと別の角度から対象化しているだけなのである。同じ内容が複数の科目のなかで登場してきたときは，1つの事実や現象を複数の角度から見るということがどういうことなのかを理解する大きなチャンスなのではないだろうか。

(3)「保育者としての学び」の実践
　保育者の仕事は毎日が学びである。ベテランの保育者になっても経験に裏づけられた「今まで通り」では通用しない新しい出来事や「当たり前」だと思っていたことを疑わなければならない出来事にぶつかることがある。また，子どもとのかかわり方も正解がひとつではないのが保育の世界の難しさであり面白さではないだろうか。そのように保育の仕事を捉えるとき，保育者にとって「学ぶ」ということは終わりのない極めて日常的な実践であることがわかる。
　こうした「保育者としての学び」は，暗記など知識の詰め込みや数式や計算の方法を学ぶような学習とは異なり，素朴な疑問をもつことからはじまり，問題意識をもち，現象（事実）や理論（知識）を関連づけて，それがどのような意味をもつのかを自分自身で考えるという主体的な学びが要求される。
　養成校などでの「保育者になるための学び」は「保育者としての学び」を保育者になる前に実践しているともいえよう。例えば，なぜ幼児期に幼稚園や保育所という家庭以外の場所で保護者以外の大人が教育を行うのだろうか。幼児期に幼稚園・保育所に通う，という一見「当たり前」のように思える事柄も，少し注意深く学んでいくと歴史的経緯や思想あるいは幼児期という発達段階の特徴などさまざまな理論が根拠となって幼稚園あるいは保育所，認定こども園という制度が成立しているということが発見できるはずである。

「子どもを理解する」学びや具体的に子どもとかかわる保育技術を身につけたら，それを実践する機会が実習である。実習では，理論に裏づけられた視点で「子どもを理解」してみる，習得した保育技術を意識して子どもとかかわってみる，遊んでみるという体験を行う（実践）。そしてその体験（事実）を日誌に記録し，1日あるいは1週間を振り返ってその内容を記述する。多くの学生は「学校で勉強したことと実際の子どもは違っていた」という感想をもつのではないだろうか。では，何がどのように違っていたのだろうか。「違っていたから意味がない」というのではなく，違う点を具体的に考察することや自分の1日を振り返って省察することが重要である。このプロセスで「子どもから学ぶ」という，養成校では学べない貴重な学びを行っているのである。

2．専門性・資質向上の取り組み

　必要な単位を満たし免許状・資格を取得できれば一人前の保育者といえるだろうか。実はそうではない。どんなにベテランの保育者でも「今まで通り」ではうまくいかない出来事に遭遇する仕事であることはすでに述べた通りである。保育者という仕事は，ここまでできれば「一人前」という境界が曖昧であり，保育者は保育者である限り学び続けていくともいえよう。
　では，その学びは「保育者になるための学び」と同じなのだろうか。幼稚園教諭になって2年目になる先生に「学生時代の勉強と今とでは何が違うか」と尋ねると次のように話してくれた。

　　「例えば研修とかでえらい先生が講演しているのを聞いていると，学生のときは自分とは違う少し遠い世界の人の話を聞いているようだったけど，今は自分と同じ世界の人が話しているというふうに感じて，自分のこととして話が聞けるかな」
　　「他の園の見学に行くと，掲示の仕方とか壁面とかに目がいって，そうすればいいのかと勉強になる。学生のときは実習に行っても何を見ればいいのかよくわからなかったけど，今は見るべきものがわかる」

この話は2つのことを象徴的に示している。1つは学生時代の学びはあくまでも職業世界の外からの学びであり、上述の先生は今では、保育という職業世界の一員として学んでいるということ。2つ目は保育者としての日々を送るなかで、常にわからないことや困ったことに直面し、今の自分の課題が自覚化され、より主体的な学びの必要に迫られているということである。

　現場で働くようになっても学ぶべき課題が山ほどある保育者には、実際にどのような学びの機会があるのだろうか。ここからは学び、成長し続ける保育者の姿とその意義を述べていくことにしたい。

(1) 制度のなかでの専門性向上のための学び
1) 研修制度

　専門性向上のための学びは制度的にも整備され保障されている。例えば、保育の世界に飛び込んだ最初の年には各都道府県の教育委員会や幼稚園振興協会などが主催の新規採用教員研修が年に数回行われ、講演やワークショップ、保育参観などの研修が行われる。また2年目、3年目、5年目、10年目などの節目ごとの研修や主任や園長などを対象とする研修も行われている。

　養成段階の学びは、保育現場で子ども達の保育を行う上での最低限必要な資質能力を身につける過程であるが、現職研修である**初任者研修**は実践的指導力と使命感を養うとともに幅広い知見を獲得させるために行われる。そして2年目、5年目、10年目という節目や主任や園長というキャリアや立場ごとに異なる課題や資質能力に応じた研修や障害児教育、子育て支援などの現代的な課題をテーマとした**専門研修**も行われる。

　研修への参加および参加の保障は、例えば国公立の教員では「**教育公務員特例法**」「**地方教育行政の組織及び運営に関する法律**」で研修に参加する責務と研修の参加の奨励や計画を行う義務が明記されており、また保育所保育指針でも「**職員の資質向上**」に努めることが求められている。保育者には常に自己の向上と実践的専門性の向上が要求されているのである。

2）免許状の上進・更新

教員免許更新制は,「その時々で教員として必要な資質能力が保持されるよう,定期的に最新の知識技能を身に付けることで,教員が自信と誇りを持って教壇に立ち,社会の尊敬と信頼を得ること」を目的としており,幼稚園教諭にも適用される。新免許状については,資格に10年の有効期間が定められ,有効期間の満了となる前に,免許状更新講習を30時間受講し,更新の手続きを行うことになる。また旧免許状（2009〔平成21〕年3月31日以前に授与された免許状）は,資格の有効期間に定めはないものの,更新講習受講対象者は,更新講習の修了確認を受けなかった場合に免許状の効力を失う（教育職員免許法）。

他にも,定められた単位を取得することで,幼稚園教諭免許状2種を1種免許状に,または専修免許状にと上位の免許状を取得できる制度もある。

こうした多様な学びの機会を積極的に利用することで,社会の変化に応じた最新の専門知識と技能を獲得し,保育者自身のキャリアアップにもつながっていく。

3）保育士等キャリアアップ研修

保育士等も,専門的知識や技術をもって子どもの成長を支え,保護者を支援する専門職である。とりわけ近年,子育てをめぐる環境の変化や問題の多様化により保育所のもつ役割が大きくなっている。そのため保育者は,リーダー的な役割をもつ主任や園長がリーダーシップを発揮し,新任や中堅を含めた職員全体で研修の機会を設け,その専門性の向上を意識しなければならない。

そのようななか,2017（平成29）年に告示された保育所保育指針でも「保育所においては,当該保育所における保育の課題や各職員のキャリアパス等も見据えて,初任者から管理職員までの職位や職務内容等を踏まえた体系的な研修計画を作成しなければならない」ことが盛り込まれた。これに伴い,都道府県または都道府県知事の指定した研修機関,指定保育士養成施設などにおいて,「保育士等キャリアアップ研修」として,専門分野別研修（乳児保育等専門分野に関してリーダー的な役割を担う者）,マネジメント研修（主任保育士の下でミドルリーダーの役割を担う者）,保育実践研修（保育現場における実習経験の少ない者など）を行うことが定められた。

（2）保育者としての専門性向上 ── 保育実践のなかでの学び

　しかし，保育者個人の専門性向上の機会は実は日々の保育実践のなかにこそ豊富に存在しているというのも事実である。

> 　教育はお互いである。それも知識を持てるものが，知識を持たぬものを教えてゆくという意味では，あるいは一方が与えるだけである。しかし，人が人に触れてゆく意味では，両方が，与えもし与えられもする。
> 　幼稚園では，与えることよりも触れ合うことが多い。しかも，あの純真善良な幼児と触れるのである。こっちの与えられるほうが多いともいわなければならぬ。（中略）
> 　幼稚園で，より多く教育されるものは。―――より多くといわないまでも，幼稚園教育者はたえず幼児に教育される。
> 　教育はお互いである。
> 　　（倉橋惣三『育ての心』より）[1]

　倉橋惣三が「幼稚園教育者はたえず幼児に教育される」と述べているように，子どもとの生活そのもの，保育実践そのもののなかで保育者は成長していく。その際重要になるのがその日の「ふりかえり」であることを倉橋は『育ての心』のなかで次のように述べている[2]。

> 　子どもが帰った後，その日の保育が済んで，まずほっとするのはひと時。大切なのはそれからである。（中略）子どもが帰った後で，朝からのいろいろのことが思いかえされる。（中略）大切なのは此の時である。此の反省を重ねている人だけが，真の保育者になれる。翌日は一歩進んだ保育者として，再び子どもの方へ入り込んでいけるから。

　保育者は目の前の子どもに対して「意欲的に遊べる子どもになってほしい」「仲間と遊びを楽しめる子どもになってほしい」など，課題やねらい，こう育ってほしいという願いをもって子どもにかかわっていく。さらにそのねらいに沿って１日の活動の流れを計画し，実践を行っていく。しかし必ずしもねらい通り，計画通りに保育が展開されることばかりではない。むしろそうではな

いことのほうが多い。それが倉橋も述べている「此の時」である。自分の子どもとのかかわりはどうであったか，活動の計画はどうであったかと1日を振り返り，次の保育につなげていくことこそが保育者にとっては重要なのである。

　保育の仕事には「不確実性」や「曖昧さ」を伴う。このような特徴から導かれる保育者としての専門性は，「決まった課題を筋道通り教える」力量とは異なる力が求められることになる。それが「省察」である。保育者は「省察」という過程を通して，複雑な状況における問題解決を促す実践をつくり出していく。この「省察」の過程は子どもとの活動過程において行われるが，子どもとともに遊び生活をしている最中には容易にできることではない。そこで1日終わった後の振り返りが「省察」につながる重要なプロセスとなる。

　具体的には，保育者は「ねらい→計画→実践→記録→省察」という一連の流れのなかで自分と子どもとのかかわりを振り返り，省察の結果を次の「ねらい→計画→実践→記録→省察」へとつなげていくことで日々の保育を行い，自己の力量や専門性の向上を行っていくのである。

　しかし，自分のことを自分で評価することは，実際には難しい。例えば，自分の長所と短所をアピールしてくださいと言われて，「自分のことって自分ではよくわからないかも」ととまどう人も少なくないのではないだろうか。ましてや無我夢中で子どもと向き合っている保育実践を後から自分で振り返り，自分で評価するという行為は，自分を客観化するという力が求められる。そこで重要なのが「記録」である。その日の子どもと自分のかかわりの事実を記録に起こすという作業は，その作業そのものが客観化のプロセスとなり，保育時間には気がつかなかったような「気づき」をもたらすこともあるだろう。

（3）保育者集団の質の向上のための取り組み

　保育は保育者と子どもとの相互交渉過程であるが，保育者と子どもの二者間で完結する営みではない。保育所や幼稚園，認定こども園は，子どものために何が一番よいのかを考えながら，子どもの成長・発達を援助するための社会的な制度である。保育という営みは，1人の保育者の願いや思いだけではなく，

2．専門性・資質向上の取り組み　117

子ども自身や保護者，他の保育者，広くは社会全体が子どもの成長・発達をどのように願うかということとかかわる極めて公的な営みでもある。

その意味では，保育者個人の専門性の向上だけではなく保育者集団としての質の向上が求められる。保育者の専門性向上のためには，先に述べた自己評価だけではなく，保育者同士の相互評価も重要となる。同じクラスを複数でみる**チームティーチング**体制を組んでいれば，若い保育者はベテランの保育者の子どもとのかかわり方をみて，自分の保育の参考にすることもあるだろう。日常の保育実践のなかでも保育者同士が声をかけ合い，**相互評価**を行うことで保育者集団としての専門性の向上の契機となる場面が豊富に存在している。

園全体の保育者集団としての専門性の向上には，**園内研修**やカンファレンスなどが行われる。日常の保育実践を互いに報告し，話し合うことで，保育時間には気がつかない子どもの姿や保育者の姿を発見することがある。保育場面を映像に撮って保育者集団で見ることで，保育中とは違った角度から子どもの姿や保育のあり方をとらえることも可能である。また何かテーマを決めて，子どものエピソードを記述し，それをもとにケースを検討する方法もある。

同じ場面の検討でも，ある保育者は子どもと保育者のかかわりから意見を出し，別の保育者は保育室の環境設定から意見を出し，また別の保育者は子ども同士の関係に着目するなど，さまざまな視点から子どもや問題を捉えることができ，保育者集団としての子どもを捉える「目」が鍛えられていくのである。

他の園の保育を見学するなどの園外研修では，園と園同士の交流を通した研修の場となる。ある市では市内の公立の幼稚園で「遊び」をテーマに定期的な公開保育や保育研究会を行っている。もちまわりで毎回1つの幼稚園の保育を午前中に参観し，午後は公開保育の内容についての意見交換会が開かれる。

こうした取り組みは園内にとどまらず，市全体の保育の専門性を向上，ひいては社会全体での保育の専門性の向上へのチャレンジともいえよう。

これらは保育者自身や職業集団としての専門性を向上させようという自己努力による取り組みである。それらに対して，より客観的で専門的な視点から保育の質の向上を目指し，外部からの評価が行われるようになってきた。保育所

では，**全国保育士養成協議会**が第三者評価機関を設置し，**第三者評価事業**を行っている。評価事業を実施するだけではなく，どのような方法・観点で評価を行うことが保育の質の向上につながるのかについて調査研究もしている。

また幼稚園では，設置者の求めに応じ，保護者や地域住民など教育に関して理解や識見をもつ者のなかから学校評議員を置くことができる学校評議員制度が導入されている。これは，教育課題について保護者や地域住民との共通理解が図られ，幅広い意見を聞くことで園の運営を見直す機会となっている。このように外部の目が向けられ，意見交流の場が設けられることは，園のなかの保育者集団にとっても，保育の専門性を高める機会となっている。

（4）組織とリーダーシップ

園には保育者以外にも事務員，看護師，調理師などさまざまな立場の人が働いている。保育者も初任者，中堅者，園長（施設長）など，経験や職位の異なる人々が子どもや保護者への支援を行っている。こうした立場の異なる人々がいかに有機的に専門性を発揮できるかは，保育の質に大きく影響する。

先に述べた「保育士等キャリアアップ研修」でもそれぞれの職位によって研修が行われていることを述べたが，その研修で得た専門知識を園に持ち帰り，ミドルリーダーは必要に応じてマネジメントとリーダーシップを発揮し，円滑な職員集団を形成し，組織として保育の質を向上に貢献する必要がある。

そうした外部の研修と日々の保育実践を組織的に行い，振り返ることを通して個々の専門性が向上し，専門職としてのキャリアを形成していくのである。

3．学び続ける保育者

以上みてきたように，「保育者になる」とは，幼稚園教諭免許状や保育士資格を取得するためだけではなく，免許状や資格を取得し保育者になってからも学びは継続し，自己の保育者としての力量を鍛えるだけではなく，保育者集団全体としての専門性の向上を絶えず行っていくことが重要なのである。

現代の日本社会は、子ども・保育を取り巻く環境の変化が激しい時代でもある。また価値観が多様化するなかで、唯一無二の正解があるわけではない保育という営みは難しくなってきている。

だからこそ、保育者の資質・専門性の絶え間ない向上が求められ、研修への積極的な参加が保障されており研修の内容も実に豊富である。このことは保育者が学び成長していくうえでは積極的な意味をもつが、その一方で用意されたプログラムをこなすだけの研修になってしまう危険性もはらんでいる。最も重要なのは、保育者自身が常に課題意識をもち主体的に学ぶ姿勢であり、学び続け、向上していこうとする自己研磨への努力が求められているのである。

 討論のテーマと視点

① 身近な大人に「仕事」についてインタビューをして、保育の仕事とそれ以外の仕事を「学び」に着目して比較し、保育の仕事の特徴をまとめてみよう。
② 保育者がどのような研修に出かけているか、調べてまとめてみよう。

■引用文献
1) 倉橋惣三：育ての心（上）、フレーベル館、1976、p.43
2) 倉橋惣三：育ての心（上）、フレーベル館、1976、p.45

■参考文献
・秋田喜代美編集代表：今に生きる保育者論、みらい、2007
・金子智栄子編著：共に育ちあう保育者をめざして、ナカニシヤ出版、2002
・河邉貴子：遊びを中心とした保育　保育記録から読み解く「援助」と「展開」、萌文書林、2005
・教職問題研究会編：教職論　教員を志すすべてのひとへ、ミネルヴァ書房、2000
・佐藤学：教師というアポリア　反省的実践へ、世織書房、1997

第8章
保育者のキャリア形成と生涯発達

1. 幼稚園における保育者

　幼稚園教諭は，幼児と遊ぶだけでなく，一人ひとりの成長や発達を促すために，さまざまな保育準備や研修・研究，そして学級事務を行っている。
　ここでは，小学校と併設の公立幼稚園に勤務するA保育者の具体的な勤務内容を紹介し，幼稚園における保育者の仕事について考えてみることにする。

○勤務する幼稚園の概要
　東京都内の区部にあり，小学校と併設の幼稚園で定員が4歳児30名，5歳児32名。保育時間は，月・火・木・金が8：50〜14：00，水は8：50〜12：00である。5時間の教育時間のほかに，毎日17：00まで保護者の就労に対して預かり保育を実施している。
　園長は，小学校長と兼務で，副園長1，幼稚園教諭1，保育所より研修派遣の保育士1，用務1，介助1，非常勤講師4などさまざまな職種が勤務しており，また常勤，非常勤，嘱託，など多様な雇用形態の職員で構成されている。

○A保育者のプロフィール
　A保育者は採用3年目。大学卒業と同時に採用され，この幼稚園に勤務した。1年目は5歳児クラスを担任し，2年目は4歳児クラス，今年度は5歳児クラスを担任をしている。
　同僚はベテランで保育所・幼稚園の経験年数が20年ほど。園では常に後輩であるためさまざまな面で教えてもらうことが多いが，年長組の担任ということもあり，園行事を進める役割を担い，リードしていかなければならない場面もある。

○ A 保育者の今年度の園務分掌

　幼稚園では，保育者は学級経営はもちろんのこと，園務を分掌して幼稚園運営に参画しなければならない。特に，2学級であり常勤の保育者の数が少ないので，3年目でもさまざまな園務の分掌がある。今年度の分掌は，下記の通りである。

- 教　務　　教育課程・指導計画・学級経営・学級指導・学級経営案
　　　　　　週日案・教育実習生指導・安全指導・遠足・誕生会・保育参観
　　　　　　懇談会・展覧会・プール指導
- 庶　務　　写真記録・整理・ファイリング・PTA ベルマーク
- 経　理　　区役所用品申請・教材費・保育用品・絵本・写真
- 管　理　　教材・飼育栽培・掲示板
- 研　究　　園内研究推進
- 渉　外　　PTA ベルマーク，修了対策・都幼教・都互助，共済
- その他　　小学校および保育所交流連絡

（1）保育者の1日

　この幼稚園の勤務時間は，通年 8：15～17：00（内休憩時間45分）である。ここでは，A保育者の1日の勤務内容と特に配慮していることなどを示し，それぞれの仕事の意味を考えることとする。

表8-1　保育者の1日と仕事内容（例）

時間	仕事の内容
	・幼稚園に出勤　　　・身支度をする … ❶ ・各保育室・遊戯室の窓を開けて空気の入れ替えをする ・小動物や栽培物の様子を把握する ・拭き掃除をして保育室を清潔に保つ・保育準備をする…❷
8：15	・1週間交替で小学校の朝会（職員）に参加し，小学校の1日の予定や連絡事項を日直日誌に記入する ・小学校の先生方と必要に応じて打ち合わせをする … ❸
8：30	・幼稚園の朝会（職員）をする　　　・小学校の朝会の報告をする ・保育について，日のねらいおよび指導内容を話す … ❹ ・幼稚園の予定を聞き，1日の勤務内容を把握したり保育内容の調整をしたりする ・特別支援児の介助員と打ち合わせをする … ❺

8：50	・保育を行う（子どもが登園してくる） ・挨拶をし，朝の視診をする　　　・所持品の始末や身支度を促す ・前日に自分の立てた日案の流れに沿いながら，子どもの実態に合わせて指導する。また，子どもが活動しやすいように環境の再構成を行う … ❻ ・片づけ，排泄，手洗い ・昼食（子どもはお弁当，保育者は小学校の給食） ・前日に自分の立てた日案の流れに沿いながら，子どもの実態に合わせて指導する。また，子どもが活動しやすいように環境の再構成を行う … ❻ ・身支度をして，挨拶をする（子どもが降園する） ・保育終了
14：00	・保護者に本日の様子や連絡事項を伝え，挨拶をする … ❼ ・ケガや子どもの気になる言動について保護者に伝え情報の共有を図る ・14：00～15：00の園庭開放（PTA活動）の間に，個別に相談したり相談を受けたりする … ❼ ・保育中にあったこと（ケガ・トラブル）で，午後の保育に影響するようなことについては預かり保育の担当講師に明確に伝える … ❽ ・保護者に伝えてほしいことや，学級の伝言内容についてもメモやボードに記し伝える
14：15	・保育室の清掃をする … ❾ ・清掃中に危険な物や場の点検や，危険な物や場を改善する
14：30	・休憩をとる ・本日の保育について介助員と情報交換をしたり，先輩保育者と子どもの実態や指導，教材等について情報交換をする
15：00	・明日の保育準備をする … ❾ ・簡単な保育記録や個人記録を作成する … ❿
15：30	・来週の週案検討を，4歳児担任の先輩保育者と行う … ⓫
16：30	・小学校の先生と交流の打ち合わせをする … ⓬ ・交流の打ち合わせの記録を作成し，副園長に報告する
17：00	・学級事務をする … ⓭ ・退勤

❶　保育者の服装について

　通勤時間も幼稚園教諭であるという自覚ある**服装**を着用する。いつ，どのような所で保護者や子どもと出会うかわからない。常に，保育者として恥ずかしくない服装をすることが大切である。また，保育を行うときの保育者の服装は，**人的環境**の1つとして子どもに大きな影響を与えるので，十分な配慮が必

要である。毎日ジャージやGパンというセンスではなく，TPOに合わせて色彩，組み合わせ等を考慮し，服装も保育の一部として考えられる保育者が求められる。

❷　保育準備について

　保育室や遊戯室などの窓を開けて，室内の換気をする。小動物や飼育栽培物の様子を把握し，不足している物を補う。そして，雑巾で丁寧に拭き掃除をし，室内をいつも清潔に保つことから1日が始まる。また，前日できなかった教材準備や環境構成，ピアノの練習，配布物の確認なども，必要に応じて素早く行う。

❸　併設小学校の先生方との打ち合わせについて

　園長が兼務であることから小学校の朝会に行き，必要に応じて小学校の先生方に行事の実施案を配布したり，簡単な連絡事項のやりとりをしたりする。特に，交流活動や幼・小合同の運動会，学芸会，音楽会，展覧会，研究会などが行われるときは，重要な役割となる。

❹　朝会での保育の打ち合わせについて

　各学級の保育者が，本日の保育のねらいや指導内容，活動場所，援助，配慮事項などについて簡単に説明する。それぞれの保育について，疑問点や改善点などがあれば，意見交換をしてよりよい保育を目指す。

❺　特別支援児の介助員との打ち合わせについて

　幼稚園には，特別支援児が入園すると子どもの発達によっては，介助員が配属される地域もある。介助員は，特別支援児の成長や発達を促す上で大切な役割を担い，学級経営のなかで担任の指示により介助の仕方を工夫していく。昨日の様子から，本日の介助の仕方について簡単に打ち合わせを行う。

❻　保育について

　A保育者が受けもつクラスは，保育者1名に対して，園児は32名である。一人ひとりの実態を把握していなければ，保育は成り立たない。しかも，5時間という短時間のなかで，32名一人ひとりの成長や発達を保障するためには，環境の準備によるところが大きい。また，保育者の言動が子ども達の遊びや生

活に大きく影響を与える。自分自身の言動を意識して行うのが，保育である。子どもの姿を見て，ねらいや指導内容からどのような援助をすればよいかということが，瞬時に思い浮かぶ保育者を目指したいものである。

　また，子ども達が安全に楽しく過ごせるように，配慮するのも重要な役割である。自分のつくった環境が，子どもの実態に合わないときは，すぐに環境の再構成を行う。

❼　保護者への連絡事項について

　子ども達の成長に，保護者との連携は欠かせない。学級全体の保護者への連絡も大切であるが，一人ひとりの保護者とも信頼関係を築くことが大切である。公立幼稚園は，毎日保護者に会う機会があるので，そうした機会を最大限に活用し，保護者の特性に合わせて対応していく。

❽　預かり保育の担当講師への引継ぎについて

　教育時間終了後の**預かり保育**の子ども達のことは，預かり保育の担当講師に引き継ぐ。特に，ケガやトラブル・体調面のことでは連絡を密にし，子ども達が安全で健康に過ごせるよう配慮する。

❾　保育室の清掃，明日の保育準備について

　保育終了後は，保育室の**清掃**をする。その日の子ども達の様子を思い浮かべながら，環境構成，教材，子ども達の様子はどうだったかなど，考えていく。また，明日の保育を思い描きながら，必要な環境構成や教材準備をしていく。また，清掃することで，わかることがたくさんある。

❿　保育記録や個人記録について

　簡単な保育記録用紙や評価・反省用紙を自分なりに工夫して作成し，保育中に心に残ったことを忘れないうちに記録する。個人記録簿を作成しておき，個々の成長や発達で気づいたことを記録しておく。

⓫　週案打ち合わせについて

　今週の子ども達の実態から，次週のねらいや指導内容を考え，教材や指導方法，援助について検討する。自分の学級だけでなく，園全体で全部の子ども達を育てているという意識を忘れてはならない。

❶ 小学校の先生との打ち合わせについて

併設の小学校との交流が頻繁(ひんぱん)に行われている。特に，年長組は1年，2年，5年との交流が活発であるため，小学校の先生との打ち合わせがある。週案の打ち合わせと同様に，実態からねらい，指導内容，教材，指導方法，援助について打ち合わせをし，実施案を作成する。

❷ 学級事務について

出席簿・保育記録・個人記録の記入，欠席者への配布物整理，実施案作成，翌日の指導案の作成など，その日によって内容が違うものの，事務仕事がある。そのほとんどがパソコンを操作して行う。そのため，パソコンの操作の技術も求められる。

（2）保育者の1か月

この項目では，A保育者の1か月間（9月）の予定を紹介し，保育以外のさまざまな職務についてその意味を示す。幼稚園は基本的には月曜日から金曜日までの週5日40時間勤務が原則である。しかし，行事などを土曜日や日曜日に行うこともある。その際は，月曜日が振替休業日となる。

表8-2　保育者の1か月の例（9月）

日にち	行事・会議等の予定	出張・仕事内容
1（月）	始業式・引渡し訓練 週案打ち合わせ 15：00～16：00	週案作成・遠足実施案作成 交流計画作成 園内研究会資料作成 … ❶ 夏休み帳を見る
2（火）	園内研究会 15：00～17：00	保護者会・学級懇談会資料作成 … ❷ 学級だより作成 … ❸ 運動会案作成 … ❹
3（水）	保護者会・学級懇談会 年少組プール参観 教育会 12：00～17：00	▼誕生会準備 … ❺
4（木）	8月の誕生会	夏休み帳記入 … ❻ 5年生の担任と最終打ち合わせ・準備

5（金）	5年生とプール交流（年長組） プール指導終 カリキュラム検討委員会 17：30 ～ 19：30	5年生の先生と評価・反省 週案の評価・反省 ▼園内研究資料作成・週案作成
6（土）		
7（日）		
8（月）	同和研修会 14：30 ～ 17：00	夏休み帳記入
9（火）	第二ブロック研修会 15：00 ～ 17：00	
10（水）	安全指導・点検日	安全点検をする…❼ 園内研究会資料作成・遠足準備…❽
11（木）	遠足・園内研究会 15：00 ～ 17：00	5年生の担任と最終打ち合わせ・準備
12（金）	発育測定・週案打ち合わせ 15：30 ～ 16：30 5年生との交流（年長組）	5年生の先生と評価・反省 週案作成
13（土）		
14（日）		
15（月）	（祝日）	
16（火）	運動会校庭練習 2 校時	運動会準備…❾
17（水）		5年生の担任と最終打ち合わせ・準備
18（木）	5年生との交流（きりん組） 週案打ち合わせ 15：00 ～ 16：00	5年生の担任と評価・反省 週案作成・誕生準備
19（金）	9月の誕生会・研究全体会 15：30 ～ 16：30 運動会校庭練習 2 校時	職員会議準備…❿ ▼運動会打ち合わせ資料作成
20（土）		
21（日）		
22（月）	運動会全体練習・運動会校庭練習 3 校時 職員会議 15：00 ～ 16：30	運動会準備
23（火）	（祝日）	
24（水）	運動会全体練習	運動会準備
25（木）		
26（金）	▼運動会前日準備 運動会最終打ち合わせ	▼
27（土）		
28（日）	秋季大運動会	
29（月）	振替休業日	
30（火）	週案打ち合わせ 15：00 ～ 16：00	月末事務…⓫

❶ 園内研究会資料作成について

多くの公立幼稚園では，1か月に1回程度，保育の質の向上のために園内研究会を行っている。園によって主題は違うが，園の職員構成や実態から主題が設定され，それに向かってさまざまな方法で研究会が行われる。A保育者の職場では，事例検討の予定になっていたので，保育の場面を記録し主題の視点に合わせて分析した事例を資料として各自で作成することになっている。

❷ 保護者会・学級懇談会資料作成について

A保育者の幼稚園では，**全体保護者会**は各学期の初めと終わりに開催される。学期初めは，今学期をどのように過ごし，子ども達のどこをどう伸ばすのかということを，各学年の担任が具体的な内容でわかりやすく話すことが求められる。その学期をどのように過ごすのか，具体的な計画の立案や指導計画との関連づけなどが必要になる。

学級懇談会は毎月1回程度あり，幼稚園の教育内容について現状をわかりやすく伝える機会である。学級を経営していくなかでの課題について具体的な事実を保護者に伝え，保護者自身のかかわり方を考える時間となるよう内容を工夫している。そのための資料なので，簡潔でわかりやすいものが必要である。

❸ 学級だよりについて

A保育者の幼稚園では，**学級だより**は各学級の担任に一任されている。A保育者が必要だと思ったときに作成し，保護者に配布する。内容は，子どもの言動で成長を実感したことや，子どもならではの言動や感性，保護者への連絡やお願いなどである。学級だよりを通して，保護者に幼稚園生活の意味や内容を理解していただくことを期待している。

❹ 運動会案について

小学校と併設の幼稚園では，小学校と合同の運動会を開催することが多い。運動会の担当は年少組の保育者であるが，A保育者は年長組の保育者なので，年少組と合同の表現活動ではリードする立場になる。年長組の子ども達と考えた表現活動の構想について，園全体の職員に理解してもらうために，具体的な内容を示した実施案を作成する。

❺ 誕生会準備ついて

多くの幼稚園では，毎月その月に誕生した子どもの**誕生会**が行われる。A保育者は誕生会の担当なので，前月の職員会議に誕生会の実施案を提案し検討されたことを準備したり，準備の呼びかけをしたりして，進めていかなければならない。誕生会の準備としては，誕生カードの作成やプレゼント製作，会場準備，おやつ手配と準備，年長児の司会進行準備，お楽しみ準備などがある。

❻ 夏休み帳について

1学期間身についた生活習慣を，夏休み中にも引き継ぐように**夏休み帳**を活用している。保護者に生活の様子を記録していただくので，夏休みの生活を把握する上での参考になり，保護者の子どもに対する思いが伝わるものである。親子の取り組みに対して，丁寧に見たり感想を書いたりする。

❼ 安全点検について

園舎内外の安全を点検し，チェックシートでチェックする。例えば地震の際，遊具や用具が落下しないか，固定遊具に異常はないかなど，複数人で点検する。

❽ 遠足準備について

A保育者は遠足担当なので，前月の職員会議で決定した遠足実施案に基づき，遠足の準備を進めていく役割である。今回の遠足は，どんぐり拾いが中心なので，準備するものは，救急バッグ・遠足シート・木の実を入れる袋，・木の実の名前を調べるポケット図鑑などである。

❾ 運動会準備について

小学校と合同の**運動会**は，小学校の運動会担当の先生が推進してくれる。しかし，幼稚園の演技の準備は幼稚園で行う。子ども達に必要な物をつくるのに，事前の準備が欠かせない。また，必要な道具も揃えなければならない。運動会をするために必要な物を，環境構成していくことが大切である。

❿ 職員会議準備について

幼稚園では，毎月1回**職員会議**を行う。教育課程に沿って，指導計画の具体的な内容について検討することは，園の教育目標を達成するために必要な会議

である。A保育者の今年度の担当である安全指導・遠足・誕生会・小学校や保育所との交流・参観および懇談会など，次月の保育に必要な実施案を作成し職員会議で検討し，具体化していく。昨年と同様ではなく，A保育者の個性をプラスして楽しい企画にしている。

❶❶ 月末事務について

出席簿の整理・保育記録の整理などを行う。教材費や絵本代，写真の整理など，特に現金の出納簿の記入は忘れてはならない重要な仕事である。

以上のように，保育者は保育にかかわる事務的な仕事も多岐にわたって行う。保育者には，子どもとかかわる能力だけではなく，洞察力・企画力・推進力・実践力・事務能力も備わっていなければならない。

保育者の仕事は際限がなく，自分自身の力量と優先順位を自己判断して，今日するべきことをする時間をつくることが大切である。また，間に合わないと思ったら，恥ずかしいと思わず手助けを求める勇気も必要である。

(3) 1年間を見通しての仕事

次に，A保育者の勤務する幼稚園の行事や1年間の各時期で行わなければならない仕事内容を紹介する。

表8-3 1年間の行事・仕事内容（例）

月	園の行事	各時期で行う仕事
4	春季休業日終・始業式・入園式 保護者会・年長組遠足 定期健康診断始・離任式	・名簿作成　・書類印刷 ・指導要録記入・出席簿作成 ・担当行事年間計画作成 ・遊具や用具の整備
5	参観・保護者会 耳鼻科検診・眼科検診・内科検診 親子遠足	・ファイリング整理 ・健康診断結果書類作成 ・学級経営案作成
6	歯科検診・日曜参観 幼稚園公開・プール指導始 定期健康診断終	・日曜参観および幼稚園公開準備 ・プール準備 ・個人記録整理

7	個人面談・プール参観・たなばた 学期末保護者会・終業式 夏季休業日始・園庭開放・飼育当番	・個人面談記録整理 ・1学期の指導の評価・反省 ・倉庫整理　・教材費等整理
8	園庭開放・飼育当番 夏季プール・ミニ夏祭り（PTA）	・指導計画の見直し ・研修会への参加 ・2学期の指導計画案作成
9	始業式・引渡し訓練 保護者会・遠足 秋季大運動会（小学校と合同）	・環境整備 ・小学校との打ち合わせ（交流） ・防災頭巾や防災用品の点検 ・運動遊具や用具の点検
10	ミニ運動会・参観および懇談会 幼稚園公開・交流給食（5歳児） 芋ほり遠足	・運動会後の環境整備 ・小学校との打ち合わせ（音楽会） ・教育研究会のまとめ
11	動物園遠足 音楽会（小学校と合同） 初冬遠足・新入園児受付および面接	・音楽会準備 ・新入園児受付および面接準備 ・個人記録整理
12	参観および懇談会・交流給食（5歳児） 生活発表会・個人面談 子ども会・学期末保護者会・終業式 冬季休業日始	・生活発表会準備 ・個人面談記録整理 ・2学期の指導の評価・反省 ・3学期の指導計画案作成 ・自己申告書提出
1	冬季休業日終・始業式 保護者会・もちつき大会（PTA） 交流給食（5歳児）・新入園時保護者会	・新入園児保護者会準備 ・教育課程の評価・反省 ・展覧会準備
2	豆まき会・参観および懇談会 展覧会（小学校と合同） 幼稚園公開・お別れ遠足	・教育課程作成 ・個人記録の整理 ・修了記念文集作成
3	ひなまつり・年度末保護者会総会 親子お別れ会・お別れ会 修了式・終業式 春季休業日始	・指導要録記入 ・修了式準備 ・新学期準備 ・環境整備

　1年間を見通すと，それぞれの時期に行わなければならない仕事がある。特に年度末には，教育課程の反省・評価を行うなかで，1年間の指導や学級経営の反省・評価を行い，次年度に反映させていくことが必要である。
　近年幼稚園も預かり保育を実施しているので，新年度の準備も預かり保育を

行いながら進めていかなければならない。自分自身の力量を見極め，早めに取りかかるなど，計画的な仕事の進め方が求められる。

（4）幼稚園における保育者のライフコース

幼稚園教諭免許状を生かしたさまざまな働き方が考えられる。ここでは，ある幼稚園教諭がどのようなライフコースを歩んだかを示してみる。

保育者の幼稚園での職種は，正規教諭・5時間の預かり保育非常勤講師（有資格）・3時間の預かり保育非常勤講師（無資格）・時間講師（有資格）・特別支援児の介助員（無資格）がある。資格の有無で，時給が違う。

公立園では産前産後休業や育児休業などの制度が整っているので，結婚や出産を経ても働き続け，副園長や園長試験を受験しライフワークとする人も多い。

表8-4 保育者のライフコース（例）

年齢	プライベートの出来事	幼稚園教諭としての働き方
22歳	大学を卒業，幼稚園教諭免許状を有する	私立幼稚園へ就職する
24歳	結婚	
25歳	第1子誕生 家事・育児に専念する	退職する
28歳	第2子誕生	
32歳	義父母と同居していたため，第2子が幼稚園入園に伴い職探しをする	公立幼稚園の特別支援児の介助員として働き始める
38歳	義父母の介護が始まる	
47歳	第1子，第2子ともに大学生になる	幼稚園で預かり保育が始まり，5時間非常勤講師として預かり保育担当になる
49歳		預かり保育になくてはならない存在として，子ども・保護者からの信頼も厚く現在に至る

2．保育所における保育者

　保育所保育者は子どもと一緒に楽しく遊ぶ毎日を送っていればいいというわけではない。子どもが楽しく安全に日々の保育所の生活を送れるように，また子ども達の健やかな成長を援助するために，実際に子どもと接すること以外にもいろいろな仕事を保育士は行っている。
　ここでは，ある保育所に勤務するB保育者の具体的な勤務内容を紹介し，それぞれの仕事にどのような意味があるのか考えてみることにする。

○B保育者の勤務する保育所の概要
　東京都内の区部にあり，0歳から就学までの児童85名が在園。産休明けからの0歳児保育を行っている。開所時間は7：30〜22：00で11時間開所のほか3時間30分の延長保育を実施している。
　園長，副園長をはじめとする保育士，看護師，栄養士，調理師，用務などさまざまな職種が勤務しており，常勤，非常勤，派遣会社から派遣されている保育士，業務委託している会社からの職員など多様な雇用形態の職員が働いている。

○B保育者のプロフィール
　B保育者は採用3年目。大学卒業と同時に採用され，この保育所に勤務した。1年目は0歳児クラスを担任し，2年目は1歳児クラス，今年度は2歳児クラスと持ち上がって担任をしている。
　常勤の保育者のほとんどは先輩保育者だが，採用1年目，2年目の後輩もいる。園のなかでは，まだまだ先輩保育者に教えてもらうことも多いが，ときには後輩の相談にのったり，後輩と一緒に役割を担い，リードしなければならない場面もある。

○B保育者の今年度の行事の担当と園務分掌
　保育者は園を運営するために，クラス担任以外にもさまざまな担当を受けもっている。B保育者の今年度の担当は下記の通りである。
　　・行事担当　　たなばた・運動会・もちつき
　　・事務分掌　　シフト勤務表作成・物品購入・園だより作成

（1）保育者の1日

　保育所の開所時間は保育者の勤務時間を超えている場合が多い。各保育所ではどの時間に何歳児が何名いるのかを調査し，子どもの人数に見合った保育者を配置するために，**シフト**を組んで全開所時間をフォローしている。

　ここでは，B保育者の1日の勤務内容と特に配慮していることなどを示し，それぞれの仕事の意味を考えることとする。

　ある日のB保育者のシフトは，9：15～18：00（内休憩時間45分）である。

表8-5　保育者の1日と仕事内容（例）

時間	仕事の内容
8：50	・保育所に到着 ・身支度する…❶
9：00	・事務室で今日の職員の勤務体制や連絡事項を確認する ・週案を見て今日の保育内容を確認する
9：10	・担任する保育室に行き，子ども達と朝の挨拶をする ・連絡帳や引継ぎメモを確認し，子ども達の健康状態や保護者からの連絡事項などを確認する…❷
9：15	・排泄の援助 ・手洗いを援助し牛乳を配る ・散歩に出かける用意をする…❸
9：45	・近隣の公園に散歩に出かけ，公園で遊ぶ
10：45	・公園から保育所に戻る ・排泄，着替えの援助を行う ・絵本を読み聞かせする
11：15	・給食を配膳する…❹ ・食事介助をする ・食事の後片づけをする
12：00	・SIDSに留意しながら，子ども達が睡眠をとっているところを見守る…❺
12：30	・休憩をとる
13：15	・連絡帳，日誌など記録を記入する…❻ ・来週の週案の検討を，一緒にクラスを組んでいる先輩保育者と行う…❼
14：00	・担当している行事の担当者打ち合わせを行う…❽ ・打ち合わせの記録を作成し，副園長に報告する

15：00	・目覚めた子どもの排泄を援助する ・おやつの準備をする
15：15	・おやつを食べる介助をする ・保育室の掃除をする … ❾
16：15	・園庭で子どもと一緒に遊ぶ ・子どもを室内に入れ，排泄を介助する ・保護者への連絡事項を確認する … ❿
17：50	・お迎えにきた保護者にその日の子どもの様子や連絡事項を伝える ・その後の保育を行う場所に子どもを連れて行き，担当保育者に人数確認と連絡事項の引き継ぎを行う … ⓫ ・午後の保育の記録を書く ・保育室の環境整備を行う ・明日の保育に必要な保育準備を確認する … ⓬ ・明日のシフトとクラスの保育体制を確認する ・退勤する

❶ 保育者の服装について

　保育を行うときの保育者の**服装**ひとつとってもよく検討することが必要である。明るい色がいいのか，刺激にならないようなトーンを落とした色がいいのか。無地がいいのか，それとも子どもが好むような小動物や小花が描かれているプリント柄がいいのか。頭の先からつま先まで，保育者の服装や一挙一動が，**人的環境**として子どもに影響を与えるので，十分な配慮が必要である。

❷ 保護者からの連絡事項の徹底について

　保護者から子どもを引き受ける際に，健康状態や連絡事項を聞き取り，必要事項は園で決められた「**連絡簿**」やメモに記入し，その情報が必要な職員全員に行きわたるようする。B保育者の勤務開始前にも担当の子ども達は登園している。早いシフトの保育者が記入してくれた連絡簿に目を通し，口頭でも連絡事項を聞き，ふまえた上で保育に生かすことが大切である。

❸ 園外に出かけることについて

　歩行をより一層確かなものにし，自然に触れることができるので，散歩に出かけることは有意義であるが，園外に出かけるためには，子どもの安全を確保するためにさまざまな準備が必要となる。この保育所では，お散歩用のリュックを用意し，そのなかに必要なものを入れてもって行くことにしている。

❹ 安全な給食の提供について

　B保育者の保育所では完全給食を実施しており，昼食，おやつ，夕食などすべての給食が保育所の調理室でつくられている。集団食中毒に注意する必要があり，保育者が配膳する際は清潔に十分留意し，保育のときの服装をカバーするように割烹着(かっぽうぎ)を上から着用したり，三角巾で頭を覆ったりする必要がある。

❺ 乳幼児突然死症候群（SIDS）について

　保育所では0～1歳児のような低年齢の子どもの保育も行っている。このような子ども達の午睡時には，特に**乳幼児突然死症候群（SIDS）**への対策が必要となる。この保育所では，午睡の最中も子どもの顔色が見られる程度の明るさを確保し，10分おきに子どもの寝息，顔色を確認し記録を残している。

❻ 連絡帳の記入について

　保育の記録はさまざまなものがあるが，子どものその日の姿や連絡事項を保護者とやりとりをするための連絡帳の記入には細心の注意を払い，保護者に誤解を与えず，しっかりと内容が伝わるように心がけることが必要である。

❼ 複数担任について

　保育所の低年齢クラスは，複数の保育者で担任を受けもち，運営している場合が多くある。子どもを捉える視点を合わせ，どのように保育を展開していくかなど，定期的にかつ必要なときに打ち合わせを行うことが大切である。

❽ さまざまな打ち合わせについて

　保育所では子どもが午睡をしている時間帯に，このように打ち合わせを行うことが多くある。B保育者は採用3年目だが，今年度は保護者も参加する行事「**運動会**」を担当することになった。昨年度の経過をふまえながら，どのように運動会を進めていくか，担当者の打ち合わせを行っている。

❾ 保育室の環境整備について

　保育所は開園時間中ずっと子どもがいるので，保育室を掃除するタイミングを見つけることが必要である。B保育者は補助的な仕事を担当する非常勤職員に掃除を任せきりにすることなく，自分からも進んで掃除の担当を行い，同時に保育の環境設定も行っている。

❿　保護者への連絡事項について
　当日の保育のなかで，気になった子どもの姿，認めてあげたい子どもの姿，ケガをしてしまったことなど，各家庭に連絡しなければならないことを整理し，リストアップしておくことが必要である。そのようにすると連絡事項をもれなく伝えることができ，保護者の信頼を得る上でも大切なことである。

⓫　引き継ぎについて
　次の時間帯の保育を担当する保育者に，しっかりと連絡事項を引き継ぐことが大切である。口頭で伝えるだけではなく，あらかじめ連絡事項をリストアップしておき，メモにまとめて手渡すなど，確実に伝わる工夫が必要である。

⓬　明日の保育への準備について
　明日の保育がスムーズに開始できるように，退勤前に今一度保育室を見渡し，点検しておくことが必要である。また，明日の保育をイメージして，準備しておかなければならないものはないかなど確認することも大切である。

　このように保育者の1日の勤務のなかには，子どもと接する以外に計画や記録類を作成したり，会議に参加したり，環境整備や保育準備を行ったりといった仕事がある。計画や記録類の作成に，最近はパソコンを使用することを期待される場合が多い。パソコンを使用して文章を書いたり，簡単な表を作成したりするなどの技術も求められる。

（2）保育者の1か月

　この項目では，B保育者の1か月間（9月）の予定を紹介し，保育以外のさまざまな職務についてその意味を示す。
　保育所は基本的には月曜日から土曜日までの週6日間開所している。職員は週40時間勤務が原則なので，B保育者の勤務する保育所では，土曜日については交替で必要な人数の保育者が出勤し，その分の休みを月曜日から金曜日の間にとるようにしている。

表8-6　保育者の1か月の例（9月）

日にち	行事・会議等の予定	仕事内容
1（月）		児童票記入 … ❶　個人面談準備 … ❷
2（火）	個人面談（Aさん）	↓
3（水）	身長体重測定	↓
4（木）	（昼）職員会議	
5（金）	個人面談（Bさん）	
6（土）		
7（日）		
8（月）	個人面談（Cさん）	園内研究準備 … ❸
9（火）	個人面談（Dさん）	クラスだより作成 … ❹
10（水）	園内研究	
11（木）	（昼）職員会議・クラスだより発行	保護者会準備 … ❷
12（金）	行事「おじいちゃん，おばあちゃんとあそぶ会」	↓
13（土）	保護者会	保護者会記録作成
14（日）		
15（月）	（祝日）	
16（火）	勤務不要日	
17（水）	個人面談（Eさん・Fさん）	次月分シフト勤務表作成 … ❺
18（木）	（昼）職員会議	
19（金）	午後外部研修	月間指導計画立案 … ❻
20（土）		↓
21（日）		
22（月）		運動会予行練習準備 … ❼
23（火）	（祝日）	↓
24（水）		
25（木）	運動会予行練習・（昼）職員会議	園だより作成 … ❹
26（金）	月間指導計画提出期限	↓
27（土）		
28（日）		
29（月）		↓
30（火）	園だより発行	↓

❶　児童票記入について

　園児一人ひとりの成長・発達を記録するものとして，**児童票**というものが保育所にはあり，期ごとに記入している。第2期の分を早々に記入し，園長に提出して指導を受け，一人ひとりの子どもの発達の様相について確認し，その後の保育の方針を考えることにつなげている。

❷　個人面談・保護者会について

　保護者とのコミュニケーションツールとして，個人面談や保護者会がある。日々の子どもの様子や保育内容については，送迎の際や連絡帳を通して保護者に伝えているが，一定期間の子どもの成長・発達やその期の保育方針について，あらためて保護者に伝える機会にしている。個人面談では保護者の個人的な悩みや育児についての相談などを受けることが多くあり，子育ての専門家として，**カウンセリングマインド**を大いに発揮して対応する必要がある。また，保護者会では，最近希薄になりつつある保護者同士のかかわりが深まるように，保育者が話題の中心になるのではなく，保護者の発言が多く出されるように配慮している。

❸　園内研究について

　B保育者の保育所では，専門性を高め，園で今問題となっていることを解決することを目的に，毎年どのようなことについてみんなで研究していくかテーマを決めて園内研究に取り組んでいる。子ども理解を深め，保育者の援助や環境構成を考える機会になっている。ときには事実に基づいた研究を深めるために，お互いの保育を観察し協議するための研究保育を行っている。

❹　園だより，クラスだよりについて

　B保育者は，毎月1回発行している園だよりの担当として，**園だよりの内容**を検討し，それぞれの担当に執筆依頼をしてまとめている。毎月の発行日に間に合うように進行管理をするのも園だより担当としての役割である。また，自分のクラスの子ども達の様子や連絡事項を伝えるために，クラスごとのおたよりも発行している。保護者が楽しんで読むことができ，しかも伝えたいことをわかりやすく表現することができるように工夫している。

❺ シフト勤務表について

　B保育者の**園務分掌**として，シフト勤務表の作成担当がある。毎月，それぞれの保育者の次月の研修などの予定を把握し，漏れなく，偏りなく，しかもクラスの職員体制に配慮して，**シフト**を組むことは，まるでパズルを解くように大変である。しかし，シフト勤務表作成に携わることで，園全体の動きやそれぞれの保育者の仕事内容がよくわかるようになる。

❻ 月間指導計画について

　その月の幼児の実態から，年間指導計画をもとにして次月の**月間指導計画**を作成する。園長に提出し，確認してもらうとともに指導を受けて修正する必要があるので，次月の月初めに間に合うように，早めの提出を心がけている。

❼ 行事準備について

　B保育者は運動会の担当なので，各プログラムで使用する用具をそろえたり，使用する音楽を選定したりして準備しておく必要がある。

　以上のように，保育者が行うべき保育以外の仕事はさまざまにある。どれも保育を支え，園を運営するために必要な仕事である。そのような仕事を全職員がそれぞれ分担して，日々の子ども達の保育所での生活が成り立っている。

　園務分掌を担い，クラス経営に必要な事務を執り，保護者とのよりよい関係づくりや子育ての援助を行うための仕事を通して，目の前の子ども達の日々の保育の大切さを大局的なマクロの視点から考えられるようになる。

　日々の保育を行いながらこれらの仕事をこなすためには，まず，自分が行わなければならない仕事の量と期限を把握し，どの仕事から手をつけるべきか，どのように時間を捻出するのか，いつから取りかかれば間に合うかなどを計画すること，そして自分で進行管理を行うことが求められる。

（3）1年間を見通しての仕事

　次に，B保育者の勤務する保育所の行事や1年間の各時期で行わなければならない仕事内容を紹介する。

表8-7　1年間の行事・仕事内容（例）

月	園の行事	各時期で行う仕事
4	対面式・春の遠足 春の定期健康診断・保護者会（第1回）	・担任しているクラスの子どもや保護者の園児名簿等の記載内容を確認し，変更点等更新する
5	こどもの日の集い	
6	歯科検診・眼科検診	・第1期児童票記入
7	たなばた・夏まつり	
8		・第2期児童票記入
9	おじいちゃん，おばあちゃんとあそぶ会 保護者会（第2回） 児童福祉施設福祉サービス第三者評価受審	・児童福祉施設福祉サービス第三者評価を受審し，園全体で改善活動に取り組む。 ・防災の日を機会に「非常災害連絡簿」の記載内容や防災頭巾，避難用鞄などの存在や大きさを点検する
10	運動会 秋の定期健康診断	
11	秋の遠足・やきいも	
12	クリスマス会・もちつき 作品展	・第3期児童票記入
1	新年こども会	
2	豆まき会・発表会 保護者会（第3回）	・1年間の自らの保育を振り返り，年間指導計画の反省評価を行い，次年度の計画に生かす
3	ひなまつり・卒園式・お別れ遠足	・第4期児童票記入 ・新入園児面接の準備を行う ・次年度の準備を行う

　このように1年間を見通すと，それぞれの時期に行わなければならない仕事がある。特に年度末には，1年間の保育やクラス経営の反省評価を行い，次年度に生かす取り組みが必要となる。

　保育所には長期休業がないので，幼稚園のように学期の区切りが実感としてないが，それぞれの園で期の区切りを考えている。特に保育所には春休みがないので，新年度の準備も子どもたちの保育を行いながら取り組まなければならない。早めに取りかかるなど，計画的な仕事の進め方が求められる。

（4）保育所における保育者のライフコース

保育士資格を有しているとさまざま働き方が考えられる。ここでは，ある保育士がどのようなライフコースを歩んだかを示してみる。

「資格は邪魔にならない」「取れるものは，取っておいたほうがよい」とよく言われるが，表8－8に示したある保育士のライフコースを見ると，「まさしくその通り」だと実感せずにいられない。アルバイトなどの臨時的雇用，非

表8－8　保育者のライフコース（例）

年齢	プライベートの出来事	保育士としての働き方
22歳	大学を卒業，保育士資格を有する	保育所へは就職せず一般企業に就職する
23歳		やはり子どもとかかわる仕事がしたいと考え，企業を退職し，保育所でアルバイトとして働く
24歳		正規職員として保育士を募集している園を見つけ就職する
29歳	結婚	
31歳	第1子誕生	育児休業を取得する
33歳		職場に復帰する
36歳	第2子誕生	仕事を続けるつもりだったが，第2子の身体が弱かったこと，祖母の介護をする人がいなかったことなどから退職する
	専業主婦として子どもの世話をし，祖母の介護を手伝う	
42歳		第2子が小学校に入学したので，近隣の保育所に午前中3時間，非常勤保育士補助として働き始める
46歳		第2子が手を離れてきたので，ベビーシッター派遣会社に就職し，保育士（ナニー）として勤務を始める
50歳		ベビーシッターを統括する役割となる
55歳		ヘッドハンティングされNPO法人立の保育所の園長として勤務し，現在に至る

常勤,正規雇用などさまざまな雇用形態で保育所に勤務したり,また保育士資格をもっていることで,就職先にも広がりが出てくる。

もちろん,結婚や出産を期に退職し,その後の再就職は保育とは関係ないところに勤める人もいるだろう。しかし,**育児休業制度**がしっかりしつつある現在では,産み育てながら働き続けることも十分に可能である。

3. 幼保連携型認定こども園における保育者

幼保連携型認定こども園には,園によって多様な保育者の働き方がある。

ここでは,私立の幼保連携型認定こども園に保育教諭として勤務するC保育者の勤務内容を紹介する。

> ○C保育者の勤務する幼保連携型認定こども園の概要
> 　東京都郊外にあり,幼稚園型認定こども園から2年前に幼保連携型認定こども園に移行した園である。定員は240名（1歳児16名,2歳児18名,満3歳児24名,3歳児56名,4歳児63名,5歳児63名）。保育時間は,基本保育時間が9：00～14：00,朝の延長（預かり）保育時間が7：30～8：30,午後の延長（預かり）保育時間が14：00～19：00である。
> ○C保育者のプロフィール
> 　C保育者は採用2年目。大学で幼稚園教諭第1種免許と保育士資格を取得して,卒業と同時に採用され,この認定こども園に保育教諭として勤務している。1年目,2年目とも3歳児年少組を担任しており,一緒に3歳児年少組を担任している保育教諭は経験10年以上のベテラン保育者である。

（1）保育者の1日と職員間の連携について

勤務時間の異なる保育者同士の連携には園長と主任が重要な役割を果たす。

○8：00の朝の会議では,園長・主任から朝の預かり保育担当者へ前日の職員会議での内容が伝達される（一般的な朝礼はこの園では行われない）。

○週1回13：30から預かり保育担当の保育者間で預かり保育について話し合う。

○16：15の職員会議には,1～5歳児組の担任,預かり保育担当者の代表,園長,主任が参加する。会議で話し合われたことは,会議に参加した預かり保

表8-9　3歳児年少組担任保育教諭としての1日

時間	仕事の内容
8:00	・園に到着, 身支度 ・保育室の準備
8:30	・登園してくる園児の受け入れ
10:00	・朝の会
11:30	・昼食（木曜日はお弁当, 他の日は給食）
12:00	・片付け ・園庭で子どもと遊ぶ
13:30	・降園準備
14:00	・1号認定（短時間保育）児降園。迎えに来た保護者にその日の子どもの様子や連絡事項を伝え, 挨拶する ・1号認定で預かり保育を利用する子どもと2号認定（長時間保育）児は延長の保育室へ移動する（1号認定児でも預かりを利用する子どももおり, 14:00で降園するのはクラスの約1/3程度） ・午後の預かり保育担当の保育者へ文書での事故報告書と口頭で連絡する ・保育室の掃除, 翌日の保育の準備, 保育の記録記入, ピアノの練習など
16:15	職員会議
17:00	退勤

育担当者から, 他の預かり保育担当者に伝達する。

○その他, 朝の預かり保育担当の保育者から基本の保育担当の保育者へ, 基本の保育担当者から午後の預かり保育担当の保育者へは, 事故等について文書で報告書を書いて渡すほか, 直接口頭での引継ぎを行う。

（2）今年度の行事・園務分掌

○今年度の担当行事は, 遠足と誕生日会, 夕涼み会, 運動会, 移動動物園。

（3）勤務の形態

○基本の勤務時間は8:00～17:00で, 早番の日もある。早番の日は7:00に出勤し7:30から登園する子どもの受け入れや, 預かりの部屋で子どもの保育を行う。14:00以降の午後の延長保育には一切入らない。

○1号認定児が長期の休み（夏・冬・春休み）の期間は, 基本は自分の仕事をする。学期の保育実践の振り返りや反省, 休み明けの学期に向けての指導案作成, 大掃除などを行う。夏休み中にだけ預かり担当の日が3日間あり, ま

た，預かり担当の先生が足りない時には，保育補助に入ることもある。
○1歳児，2歳児組の担当保育者は，シフト制で勤務している。

4．児童福祉施設における保育者

　「保育者」の仕事というと，多くの人が「保育所や幼稚園で働く人」と考えるであろう。それ以外では，昨今の保育需要から「託児所」などを想像する人もいるのではないだろうか。しかしながら，保育者は保育所・幼稚園に限定して働くものではなく，実は社会福祉の領域である児童福祉施設において子どもの支援をする職員のなかにも保育者はいるのである。

（1）児童福祉施設について
1）児童福祉法等における児童福祉施設とその現状

　1945（昭和20）年の敗戦により，日本では多くの子どもたちが戦争で両親や住む家を失い，盗みや浮浪生活などを送っていた。しかし戦後の復興のため，それまで孤児や貧児を限定して保護する政策から大きく転換し，全ての子どもの健全育成を目的とした「児童福祉法」が1947（昭和22）年に制定された。

　現在の児童福祉法第7条には「この法律で，**児童福祉施設**とは，助産施設，乳児院，母子生活支援施設，保育所，幼保連携型認定こども園，児童厚生施設，児童養護施設，障害児入所施設，児童発達支援センター，児童心理治療施設，児童自立支援施設及び児童家庭支援センターとする」と規定している。

　また，**児童福祉法施行規則**には，差別的扱いの禁止（第1条の11），心身に有害な影響を与える行為の禁止（第1条の12），教育（第1条の21），衛生管理等（第1条の22），食事（第1条の23），秘密保持義務（第1条の25）等，施設職員として子どもたちへの対応のあり方が示されている。そして，**児童福祉施設の設備及び運営に関する基準**のなかには，居室の定員や広さ，生活指導や職業指導等，各施設の状況に応じて基準が明確にされている。

　「平成29年厚生労働省社会福祉施設等調査報告」によると，児童福祉施設数

表8-9　保育所等を除く児童福祉施設数の年次推移

	2010（平成22）年	2015（平成27）年	2017（平成29）年
保育所等を除く総数	9,942	11,559	13,000

資料　厚生労働省：平成29年社会福祉施設等調査結果の概況

は全部で40,137となっている。最も多いものが保育所等で27,137と他の施設（乳児院138，児童養護施設608）と比較してもかなり多いことがわかる。保育所を除く児童福祉施設総数の年次推移は表8-9のとおりである。

2）児童福祉施設における保育士の役割

　保育所と児童福祉施設との保育者の役割は，子どものお世話をするという点では相違はない。しかし，特に入所施設の場合は，24時間子どもがそこで生活をしているため，交代勤務をしながら生活の全般を支援することが求められる。保育所が通園する場所であるのに対して，入所施設は子どもにとって生活する拠点であるため，保育者には親の代わりとしての役割も求められる。

　さらに，障がいのある子どものための施設などでは18歳未満という子どもとしての年齢を超えて，20歳代以上の大人が入所していることもあり，そうした入所者への生活支援なども行っていかなければならない。

（2）乳　児　院

1）児童福祉法等における乳児院

　児童福祉法における乳児院は，第37条に「乳児（保健上，安定した生活環境の確保その他の理由により特に必要のある場合には，幼児を含む。）を入院させて，これを養育し，あわせて退院した者について相談その他の援助を行うことを目的とする施設とする」とされている。また，児童福祉施設の設備及び運営に関する基準では第19条に乳児院の設備の基準として「寝室，観察室，診察室，病室，ほふく室，相談室，調理室，浴室及び便所を設けること」とされている。また，第21条には「小児科の診療に相当の経験を有する医師又は嘱託医，看護師」等を置くこととなっている（看護師はその一部を保育士，児童指

導員に代えることができる）。乳児の養育をその目的としている施設であるが，必要がある場合（措置変更先施設に空きがない場合や，医療的ケアが特に必要な場合等）は，満1歳以上の幼児が入所を継続していることもある。

2）乳児院の役割と現状

　乳児院では乳児を中心として，年少の子どもの生活を支援することとなる。業務内容としては，保育所の3歳未満児クラスと類似している点が多い。ミルクや離乳食を与えたり，オムツ交換，トイレトレーニング，午睡等は保育所と変わらない支援である。しかし，24時間そこで生活をしているため，日中だけを過ごす保育所と異なることもある。朝，子どもを起こすことから始まり，沐浴や夜間の睡眠などさまざまな支援を行っていかなければならない。そして，身よりのある子どもに対しては，家庭復帰，社会復帰に向けて，親や親せき，地域社会との連絡調整等も欠かすことができない。乳児の声を直接聞くことはできないが，そこで働く職員の声に次のようなものがある[1]。

　洋子は早番の日だ。朝6時に出勤している。だから子どもの夕食が済む4時半には，夜勤の冴子に後を任せて帰ることになっている。
　その日，「さて，帰ろう」と洋子が身仕度を始めていると，丸ノ内君がソワソワしだした。洋子のそばを離れようとしない。丸ノ内君は洋子が特に可愛がっているので，よくあとおいをすることがある。(中略)
　丸ノ内君は置き去りのケースだ。東京駅の待合室で，母親が「トイレにいく間預かってほしい」と駅員にあかちゃんを預けたまま，いなくなってしまった。
　夜中に置き去りにされてしまった生後2か月ぐらいの赤ちゃんは，深夜この乳児院にやってきた。警官がもう寝静まった院にやってきて，玄関のドアをドンドンと叩いた。「どなたですか？」と宿直の保母が聞いたら，「丸ノ内署です」「え？」と問い返すと，「丸ノ内です」と言ったそうだ。

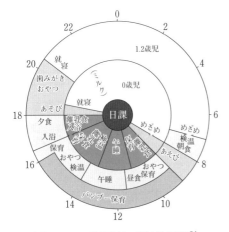
図8-1　乳児院における日課[2)]

図8-2　4人部屋の勉強机

3) 乳児院における保育士の役割

　保育所での保育同様、子どもの支援をしていくときには、その子の親代わりとして、人格形成をしていく際に重要となる**愛着関係**を築いていかなければならない。授乳、沐浴、午睡、日光浴、散歩といった日常生活に関する支援はもちろんのこと、季節感を感じてもらうようなさまざまなイベントを企画、運営したり、地域社会と接する機会を意図的に設けるなど、親代わりプラスアルファの支援もしていかなければならない。

　家庭復帰や児童養護施設へと措置変更を行うときなど、それらがスムーズに行えるよう、家庭や児童養護施設と連絡調整を図っていくことが求められる。

（3）児童養護施設

1) 児童福祉法における児童養護施設

　児童福祉法第41条に「児童養護施設は、保護者のない児童（乳児を除く。ただし、安定した生活環境の確保その他の理由により特に必要がある場合には、乳児を含む。以下、この条において同じ。）虐待されている児童その他環境上養護を要する児童を入所させて、これを養護し、あわせて退所した者に対する相談その他の自立のための援助を行うことを目的とする施設」とされている。

また，児童福祉施設の設備及び運営に関する基準第41条には児童の居室，相談室，調理室，浴室，便所を設けるほか，男女の居室や便所を別にすることや，必要に応じて職業指導をすることなどがあげられている。第42条には，職員として児童指導員，嘱託医，保育士，個別対応職員，家庭支援専門相談員，栄養士および調理員ならびに乳児が入所している施設にあっては看護師を置かなければならないとされていて，実習設備を設けて職業指導を行う場合には職業指導員の配置も義務付けている。

2）児童養護施設の役割と現状

　1995（平成7）年の児童福祉法改正により，虚弱児施設を養護施設に転換し，養護施設の頭に「児童」が付き児童養護施設となった。戦後は戦災孤児等の身寄りの「ない」子どもの世話を中心に行ってきたが，昨今は，身寄りの「ある」子どもが多くなっている。それは，親の疾病や虐待等，親がいても養育が難しいという家庭環境に置かれていたケースが増えているからである。

　年々増加を続ける子どもの虐待，両親の疾病（精神的なものも含む），一人親等による養育困難など，現代社会の歪みともいえる状況による要因が多い。

　また，小学校高学年や中学生といった高年齢児の入所も増えてきている。そうしたケースでは，複雑な家庭環境に長らく身を置いていたため，情緒不安定な状態になって施設入所にいたるケースなどもある。そのため，児童養護施設では，通常の養育に加えて心理的サポートを行うところや，入所定員の一部を児童心理治療施設に転換する施設などもある。2012（平成24）年からは，心理療法を行う必要があると認められる児童10人以上に心理療法を行う場合には，心理療法担当職員を置かなければならないとなっている。

　そして，窃盗や傷害，浮浪といった，問題行動のある子どもは，通常，児童自立支援施設へと措置されていくのであるが，小学校低学年などの場合は，児童養護施設へと措置される場合もある。

　施設の運営形態としては，1つの建物に何十人という人数で生活するタイプと，一戸建ての家などを活用しての**グループホーム**といって，少人数で生活しているタイプのものがある。

表8-10 児童養護施設の日課[4]

時間	日課の内容
6:30	起床　清掃
7:00	朝食
7:40～	各校それぞれに登校　※帰園後は自由時間・おやつ・学習（主に小学生）
17:30	清掃
18:00	夕食　　※食後は自由時間
20:00	幼児就寝
21:00	小学生就寝　中高生学習時間
23:00	中高生就寝基本時間

＊学校は幼稚園から高校まで，地域の学校へ通学します。
＊学校の長期休暇中には，一時帰宅の期間もあります。（申請された方）
＊面会等も園や学校の予定がない限りいつでもできます。（申請された方）
＊年間を通じ，海水浴やキャンプ，クリスマス，スキーなどの行事がたくさんあります。

3）児童養護施設における保育士の役割

　児童養護施設では，幼児から18歳までの子どもたちが生活をしている。身寄りのない孤児もいるが，多くの子どもは養育者からの虐待を受けたり，養育を拒否されたり，養育不適当であったりと，十分な養育を受けていないケースが多い。そのため，基本的な日常生活習慣が身についていなかったり，一般常識や正しい価値観等が欠ける子どももいる。そのため保育士は，そうした子どもたちと接しながら，起床，洗面，食事，登下校，清掃，入浴，就寝といった正

　約10年間の施設生活を経て卒園し，一人で生活しています。一八年間生きてきた人生の約半分を養護施設で過ごしました。（中略）
　学園を外から眺めてみて，子どもは職員に何を一番求めているのかと考えると，「子どもに対して正しい答えを出すだけではなく，子どもの気持ちをしっかり聞いて，気持ちをしっかりわかってほしい」そういう事だと思います。自分もそうでした。ちゃんとこの点をおさえれば，不満も少しは減るんじゃないかと思います。子どもはどんなに強がっていても，大人が言うように，まだまだ子どもだし，甘えたいし，わがままだって言ってみたい，小さい不満だって，よく聞いてほしいと思います。[3]

しい生活習慣を身につけてもらうよう、心がけていかなければならない。

また、学校に通う子どもたちに対しては、入学式・卒業式への出席、授業参観、保護者面談、PTA活動等を親の代わりに対応していかなければならない。さらに、中学・高校を卒業し、社会に出ていく際には、そのための自立した生活ができるように、一人暮らしに求められる炊事、洗濯等の訓練をしていかなければならない。

（4）障害児入所施設（福祉型障害児入所施設）

1）児童福祉法等における障害児入所施設（福祉型障害児入所施設）

児童福祉法第42条では、「障害児入所施設は、次の各号に掲げる区分に応じ、障害児を入所させて、当該各号に定める支援を行うことを目的とする施設」とし、「一　福祉型障害児入所施設　保護、日常生活の指導及び独立自活に必要な知識技能の付与」「二　医療型障害児入所施設　保護、日常生活の指導、独立自活に必要な知識技能の付与及び治療」とされている。そして、児童福祉施設の設備及び運営に関する基準第48条および第57条では各障がい児を対象に様々な設備を設けることが定められている。

2）障害児入所施設の役割と現状

障害児入所施設では、障がいのある子どもたちを受け入れ、日常生活の支援を行っている。子どもの減少により、入所している障がい児の数も少なくなっているが、成人の入所施設の数が十分でないため、年齢超過者がそのまま入所を続けていることがある。

図8-3　袋作成作業をしている様子

私は昭和30年に留萌市に生まれました。小学校には一年遅れて入学、小学五年のときに札幌の施設に入りました。施設では小学部に入りました。いろんなことを学校の先生に習いました。

施設での生活は、午前中は施設の中で勉強、午後は山へ行ったり、散歩をし

ていろいろ体験しました。部屋は8人くらいの部屋でした。
　つらかったことは，あまり街に出られなかったことです。自由に散歩できませんでした。自由に街に行こうとしても職員がつかなければならなく自由はありませんでした。家庭で食べるものは施設では食べれませんでした。豪華な食事は出ませんでした。[5]

3）障害児入所施設における保育士の役割

　障害児入所施設では，学齢児は日中，特別支援学校に通学するが，加齢児や成人入所者は施設内で日中過ごすこととなる。そのため，クラブ活動や作業等を組み込み，それに取り組んでもらうようにしている。その間に，洗濯や清掃等の作業を行うこととなる。また，午後，子どもたちが学校から戻ってきたら，おやつ，入浴，夕食，学習支援などをする。

　なお，さまざまな事情を抱えて親元を離れ，施設での集団生活をせざるを得ない状況におかれている利用児・者に対して，保育士には親や身内になり代わって接することも求められる。

表8-11　障害児入所施設の日課

時間	日課の内容	時間	日課の内容
6:00～	起床・洗面・身だしなみ	15:00～17:00	下校・おやつ・入浴
7:00～	朝食	17:00～18:00	清掃・整理
7:30～8:30	登校	18:00～	夕食
10:00～12:00	作業訓練	19:00～	学習・余暇・個別支援
12:00～	昼食	～22:00	就寝
13:00～15:00	生活支援		

（5）その他の児童福祉施設での保育士の役割

　その他の児童福祉施設にも，保育士が配置されることとなる。その役割は障がいの有無，施設入所するまでの家庭環境，社会環境にかかわらず，子どもたちの健全育成のために，愛着関係の形成，人間関係の再構築，社会適応のためのさまざまな体験学習等，多様な形をもって子どもたちにかかわっていくこと

が求められるのである。

「施設に入所せざるを得ない環境」にあった子どもたちに対して，大人，人間への信頼を取り戻してもらえるよう，誠実で親身な対応をしていくことが必要であろう。

 討論のテーマと視点

① 幼稚園・保育所等の保育者にとってそれぞれ必要な資質や知識や技術は何だろうか。
② 1年間の見通しをもって仕事をするために，大切なことは何だろうか。
③ 園ではいろいろな職種との連携，保育者同士の協力，複数担任での協働が必要になってくる。そのため保育観，保育へのアプローチが異なることも考えられるが，どのようにチームワークを図っていけばよいだろうか。
④ 価値観が多様化している昨今，保護者対応時にどのようなことに留意すればよいだろうか。
⑤ 保育所と他の児童福祉施設の保育者の違いについて考えてみよう。
⑥ 子ども虐待の具体的な事例をもとに，その原因と今後の対応のあり方について，そして保育者としてどうかかわっていくのかについて考えてみよう。

■引用文献

1) 石亀泰郎：かあさんのにおい——ある乳児院の光と影の物語，p.12，廣済堂出版，1997
2) 社会福祉法人積慶園乳児院ホームページ
3) 子どもが語る施設の暮らし編集委員会編：子どもが語る施設の暮らし，p.188，明石書店，1999
4) 七戸美光園ホームページ
5) 塚田欣哉：グループホームに来て味わった一人でできる楽しみ，「10万人のためのグループホームを！」実行委員会：もう施設には帰らない——知的障害のある21人の声，pp.56-57，中央法規出版，2003

第9章
法令で定められた保育者の責務と制度的位置づけ

1. 法令と保育者

　法令というと，園長や所長が知っていればよいもので，担任保育者は知らなくても保育実践には支障がないと思っている人もいるかもしれない。しかし，幼稚園は国立・公立・私立の別なく「公の性質」*¹ をもち，保育所もまた，教育に関する機能において同様の性質をもっている。2015（平成27）年4月からは，「就学前の子どもに関する教育，保育等の総合的な提供の推進に関する法律」（2012（平成24）年改正，以下「新認定こども園法」）を根拠法とする幼保連携型認定こども園もまた「公の性質」をもつことになった。新認定こども園法で，教育基本法第6条第1項に規定する「法律に定める学校」として規定される学校であり，児童福祉法第7条第1項に規定する児童福祉施設であることが明らかにされたからある。公的な教育・保育制度に位置づけられる幼稚園・保育所・幼保連携型認定こども園の保育者は，その職務を遂行するに当たって，法令に無関係であることはできない。

*1　教育基本法第6条第1項に「法律に定める学校は，公の性質を有する」とある。ここでの「法律に定める学校」には，学校教育法第1条で学校と規定される幼稚園をはじめとする学校の範囲に加えて，幼保連携型認定こども園も含まれる。新認定こども園法において幼保連携型認定こども園は，教育基本法第6条第1項に規定する「法律に定める学校」であり児童福祉法第7条第1項に規定する児童福祉施設でもあるとされている。教育基本法で第6条のほかに第9条，第14条の「法律に定める学校」についての規定もまた「認定こども園」に適用されることに注意したい。

例えば,「園で,定期健康診断が毎年度のはじめに行われるのはなぜか。健康診断は必ず受けないといけないのか」あるいは「うちは宗教が違うので,幼稚園のクリスマス会に子どもを参加させたくないの」などと保護者から言われたら,担任保育者としてあなたはどのように対応したらよいだろうか。

これらの問いに対しては,法令の存在やその調べ方を知っていれば保護者の質問に適切に答えていくことができるようになる。保育実践のなかで日常行われていることの根拠は何かを考えるためにも,法令の存在について知っておく必要がある。本章では,保育者としてこれだけは知っておきたいという法令のうち,特に保育者の職責に関係する法令を取り上げてポイントを述べる。

2．教育・保育の基本に関する法令

（1）児童の権利に関する条約

児童の権利に関する条約は,1989（平成元）年に国連総会で採択され,日本では1994（平成6）年に国会で批准された,子どもの権利の総合保障的な条約である。条約は国会で批准されると国内法と同様の法的効力をもつ。「**子どもの最善の利益を保障する原則**」（第3条第1項）は,保育・教育において子どもの人権を尊重することの重要性を示しており,「保育所保育指針」第1章の1,および第5章でも言及されている。また,「**子どもの意見表明権の保障**」（第12条第1項）も,大切にしなければならない原則である。言葉の話せない乳児であっても,その子なりに表情やしぐさ,視線などいろいろな形で自分の意思を表現しており,保育者はその表現をしっかりと受け取り理解し,子どもの「自己決定力」を育むことが大切である。

（2）教育基本法

教育基本法は,日本における教育の基本を示した法律である。法律ではあるが,準憲法的な性格をもち,学校教育法その他の教育関係法規の上位に位置する。なお,教育基本法では,学齢期の学校教育に限らず,学齢前の幼児期の教

育，学校卒業後の生涯学習および家庭教育，社会教育も，教育の範囲に入れられて言及がなされている。ここでは，教育基本法の条文のなかで保育者としてのあり方に関係する3つの条文について取り上げる。

1）学校の教員の研修義務と身分保障

　幼稚園・幼保連携型認定こども園や学校の教員は，「自己の崇高な使命を深く自覚し，絶えず研究と修養に励み，その職責の遂行に努めなければならない」。そのかわりに幼稚園・幼保連携型認定こども園や学校の教員は「その身分は尊重され，待遇の適正が期せられるとともに養成と研修の充実が図られなければならない」とある（第9条）。

2）保育者と政治教育

　例えば，園外に子どもと散歩に出かけたとき，選挙ポスターの貼ってある掲示板の前で，子どもから「どうしてここに写真がたくさん貼ってあるの？」「先生は誰に投票するの？」と聞かれたら，あなたは保育者としてどう答えるであろうか。

　教育基本法では「良識ある公民として必要な政治的教養は，教育上尊重されなければならない」（第14条第1項）と定めている。子どもの質問に対し，「"この町を住みよくしてくれる人は誰かな"って，みんながよく考えて決めるためにいろいろな人の写真が貼ってある。だから先生もどの人が一番この町をよくしてくれるかよく考えて，投票しようと思っている」などと答え，子どもが将来良識ある公民となって冷静に正しく政治的判断ができるように教育するチャンスとして生かしていくことが求められている。

　また，第14条第2項では「法律に定める学校は，特定の政党を支持し，又はこれに反対するための政治教育その他政治的活動をしてはならない」とある。幼稚園や幼保連携型認定こども園は，この「法律に定める学校」にあたる。幼稚園・幼保連携型認定こども園で子どもたちに，特定の政党についてほめたり否定したりする話をしたりすることや，保護者会などで保護者に，特定の政党の候補者へ投票をお願いしたりする行為は禁止されている。

3）保育者と宗教教育

　第15条第１項に「宗教に関する寛容の態度，宗教に関する一般的な教養及び宗教の社会生活における地位は，教育上尊重されなければならない」とある。寛容の態度とは相手を認め受け入れる態度である。保育においては，保護者の信仰する**宗教**が何であれ，その存在を認める態度で対応したい。園児の保護者が信じる宗教に対し，自分自身はあまりよい印象をもっていなくても，子どもたちに対してそれを批判するような話をすることは避けなければならない。

　また，第15条第２項には「国及び地方公共団体が設置する学校は，特定の宗教のための宗教教育その他宗教的活動をしてはならない」とある。以前，ある県の公立の全ての小学校で修学旅行の予定に入れられていた日光・東照宮の拝殿後のおはらいが宗教行事であるとして，とりやめられたことがある。公立の幼稚園・保育所・幼保連携型認定こども園においては，12月のクリスマス会を「お楽しみ会」等の名称にして宗教色を除いたりするようになってきている。たなばたや節分行事についても，信仰している宗教との関係から不参加の要望を出す保護者もいるようだ。

3．免許状・資格に関する法令

（1）教育職員免許法（幼稚園教諭）
1）免許状取得者の社会的信用と欠格事由

　教育職員免許法は学校の教職員となるのに必要な各種免許状について定めた法律である。この法律で幼稚園教諭や幼保連携型認定こども園の保育教諭は「**教育職員**」あるいは「**教員**」と呼ばれる。

　免許状授与に際して，所定の単位を養成校で修得した場合でも，免許状申請時に７つの欠格事項（第５条）に該当する場合には免許状を授与されない。この欠格事項のなかでも特に「**成年被後見人又は被保佐人**」[2]，「**禁錮以上の刑**

---

[2]　成年被後見人とは「精神上の障害により常に判断能力を欠く状態にある人」，被保佐人とは「精神上の障害により判断能力が著しく不十分な人」のことである。

に処せられた者」、「日本国憲法施行の日以降において、日本国憲法又はその下に成立した政府を暴力で破壊することを主張する政党その他の団体を結成し、又はこれに加入した者」の3事由に該当する場合は、免許を授与されないだけでなく、教職に就いてからも、これらに該当する事態が起きた場合、免許状は効力を失い、速やかにその免許状を免許管理者に返納しなければならない（第10条）。免許状申請時の書類には、申請者がこれらの事由に該当していない旨の記載が含まれている。つまり、幼稚園教諭免許状取得者はこれらの事由に該当していない人、という社会的信用があることを自覚しておきたい。

2）免許状の上進制度および教員免許更新制

免許状には、基礎となる資格に応じて専修（修士）、一種（学士）、二種（短期大学士）の3種類の免許状（第4条第2項）と上進制度（別表第3）がある。2013（平成25）年度に二種免許状を授与された者の割合は、幼稚園教諭免許状を授与された者全体の64.0％、幼稚園現職教員のなかでの二種免許状保育者の割合は70.3％である。二種免許状を取得して幼稚園に就職した場合、園で良好な成績で最低5年勤務したという実務証明を得て、大学等で45単位[*3]修得すると、一種免許状を得ることができる。実務証明は国立・公立園の場合は所轄庁、学校法人立園の場合は学校法人理事長名で発行される。この上進制度は、本書第7章（p.114）でも述べられた教員免許更新制（第9条第1項、第2項）とともに幼稚園教諭・保育教諭の質の向上を期して定められている。

（2）児童福祉法（保育士）

1）保育士資格の社会的信用と欠格事由

2001（平成13）年、児童福祉法による保育士資格の国家資格化（第18条の4）により保育士資格制度の整備が行われ、保育士資格取得者の社会的信用が確保されるようになった。それまで保育士資格は、児童福祉施設で働くための任用資格にすぎなかった。国家資格となった背景として、1つには、社会的信用を

[*3] 修得しなければならない単位数は在職年数に応じ6年では40単位、7年では35単位、12年では10単位まで軽減される。

悪用して，無資格でありながら保育士を名乗って，保育施設を不適切に運営したり保育にあたったりする者を排除するため，もう1つには保育士が地域の子育て支援を行うための社会的な信用の確保ということがある。

なお，幼稚園教諭免許状の欠格事由に準じ，第18条の5で，保育士資格でも「成年被後見人又は被保佐人」「禁錮以上の刑に処せられ，その執行を終わり，又は執行を受けることがなくなつた日から起算して2年を経過しない者」など5つの欠格事由に該当する者は保育士となることができない。

2）保育士の信用失墜行為の禁止および秘密保持業務

児童福祉法第18条の21，第18条の19第2項において，保育士は，保育士の信用を傷つけるような行為を禁じられており，これに違反した場合は，保育士登録の取り消し，または期間を定めて保育士の名称の使用停止に処せられる。

また，同法第18条の22において，保育士は正当な理由なく，その業務に関して知り得た園児や園児の家族についての秘密（**個人情報**）を，保育士である間だけでなく保育士でなくなった後においても，漏らすことを禁じられている。

例えば，同僚とのおしゃべりなどで園児や園児の家庭について話す，あるいは保護者から預かった連絡帳を誰もが見られる場所に放置してしまうなどにより，園児の個人情報が他の園児の保護者や園外の人に漏れ，それによって情報を漏らされた園児やその家族が不利益を被ったとして告訴された場合は，第61条の2に基づいて1年以下の懲役，または50万円以下の罰金に処せられる。

（3）認定こども園に関する法令

幼保連携型認定こども園の職員資格については，「新認定こども園法」等に規定されている。幼保連携型認定こども園で園児の教育および保育をつかさどる保育者の職名は「**保育教諭**」と呼ばれ，資格要件は下記のとおりである。

- 主幹保育教諭，指導保育教諭，保育教諭及び講師（保育教諭に準ずる職務に従事するものに限る。）は，幼稚園の教諭の普通免許状を有し，かつ，児童福祉法第18条の18第1項の登録を受けた者（保育士資格を有する者）でなければならない。（法第15条第1項）

4．幼稚園教諭・保育士・保育教諭の職責に関する法令

（1）学校教育法
　学校教育法において幼稚園教諭の職責は「幼児の保育をつかさどる」（第27条第9項）こととされている。幼稚園教諭にはこのほか，「幼児期の教育に関する各般の問題につき，保護者及び地域住民その他の関係者からの相談に応じ，必要な情報の提供及び助言を行うなど，家庭及び地域における幼児期の教育の支援に努める」（第24条）という幼稚園の機能を実践する職責がある。

（2）児童福祉法
　児童福祉法においての保育士の職責は「専門的知識及び技術をもつて，児童の保育及び児童の保護者に対する保育に関する指導を行う」（第18条の4）こととされている。幼稚園教諭と保育士はその根拠法令が学校教育法と児童福祉法という違いがあるが，その職責が，第一に子どもの保育，第二にその保護者・地域の子育て家庭への子育て支援であることは共通である。

（3）就学前の子どもに関する教育，保育等の総合的な提供の推進に関する法律（2017（平成29）年改正「新認定こども園法」）
　同法において保育教諭の職責は「園児の教育及び保育をつかさどる」（第14条第10項）こととされている。保育教諭にはこのほか，「保護者に対する子育ての支援」，そしていわゆる地域の子育て家庭に対する支援（「子育て支援事業」）（第2条第7項，第12項）という幼保連携型認定こども園の機能を実践する職責がある。

（4）地方公務員法（服務と身分保障，分限と懲戒）
　公立の幼稚園教諭・保育士・保育教諭は，地方公務員法で，「全体の奉仕者として公共の利益のために勤務し，且つ，職務遂行に当つては，全力を挙げて

これに専念しなければならない」(第30条)とされ，これに基づき勤務をする上で①服務の宣誓(第31条)，②法令等および上司の職務上の命令に従う義務(第32条)，③職務に専念する義務(第35条)が課せられている。服務宣誓の「服務」とは，職務を遂行する上での義務のことである。

幼稚園や幼保連携型認定こども園を含む学校の教員は，教育基本法に基づきその身分が尊重されている（教育基本法第9条第2項）ほか，さらに公立の幼稚園教諭・保育士・保育教諭は，公務員として，以下に記すような懲戒処分および分限処分による以外は，本人の意に反した人事は行われないことになっている。

公務員である公立園の幼稚園教諭・保育士・保育教諭には，服務(職務上の義務)として，①信用失墜行為の禁止(第33条)，②秘密を守る義務(第34条)，③政治的行為の制限(第36条)，④争議行為等の禁止(第37条)，⑤営利企業等の従事制限(第38条第1項)が課せられる。これらの服務に違反したり，法律違反行為や非行を行った場合，地方公務員法に基づき懲戒処分（免職，停職，減給，戒告の4種）が下される(第29条)。また，何らかの理由（例えば，心身の故障，刑事事件で起訴された等）により，公務員としての職責を十分に遂行できなくなった場合には，分限処分（免職，休職，降任，降給，失職の5種）が下される(第27条)。

(5) 教育公務員特例法（研修義務，身分保障）

公立園の幼稚園教諭や保育教諭のような教育公務員の場合，教員の職責の特殊性から，地方公務員法の適用以外に，この法律において，その任免，分限，懲戒，服務，研修などが規定されている。この法律により公立園の幼稚園教諭や保育教諭の採用および昇任の方法として，原則として「競争」試験による方式をとる一般公務員の場合とは異なり，「選考」による方式がとられることになっている。

また，一般公務員の場合には，任命権者等に研修の義務付けがなされているが，教育公務員の場合は，任命権者のみならず直接本人に研修が義務付けられ

ている。また，授業（幼稚園，幼保連携型認定こども園の場合は保育）に支障がない限り，勤務場所を離れて，あるいは現職のままで研修を受けられることが保障されている。その待遇は，一般の公務員より優遇されるようになっている。教員として同じく公教育の一端を担う私立園の教員については，研修や身分を保障する法律その他はまだなく，職責は同じであっても，その待遇には格差がある。

5．保健・安全に関する法令と保育者

（1）学校保健安全法

　幼稚園をはじめとする学校の幼児および教職員の保健・安全に関する法令として，**学校保健安全法**[*4]がある。この法律は，幼保連携型認定こども園にも準用され，幼稚園や学校においては学校保健計画，学校安全計画を立て実施しなければならない（第5条，第27条）と定められている。「**学校保健計画**」とは，幼児および教職員の健康診断，環境衛生検査，幼児に対する指導その他保健に関する事項についての計画である。「**学校安全計画**」は，日々および定期的な園の施設や設備の安全点検，幼児の通園を含めた園生活の安全に関する指導，職員の研修その他園における安全に関する事項についての計画である。幼稚園等で毎朝行う，園庭の砂場や遊具の点検，保育室の整備はこのような法律に基づいた行為でもある。**学校保健安全法施行規則**では，毎学年1回6月30日までに定期健康診断，そのほか臨時健康診断を行うことが定められている（第5条）。幼稚園で新学期のはじめに健康診断を行うのはこのためである。

（2）児童福祉施設の設備及び運営に関する基準・保育所保育指針

　保育所の児童および職員の健康・安全を守るための法規定は，**児童福祉施設の設備及び運営に関する基準**に基づき各都道府県で定められている。入所児童

---

*4　2008（平成20）年「学校保健法」の改正に伴い，学校の安全を守る点を強化し法律として題名変更され「学校保健安全法」となった（2009（平成21）年4月施行）。

および職員の健康診断については，児童福祉施設の設備及び運営に関する基準のなかで，入所児童については，入所時の健康診断，少なくとも年2回の定期健康診断を，**学校保健安全法**に準じて行うことや，施設の職員の健康診断についての規定がある。加えて2017（平成29）年3月31日改定告示，2018（平成30）年4月1日施行の**保育所保育指針**「第3章　健康及び安全」の事項も，法的な規定である。そこでは子どもの健康支援，環境および衛生管理並びに安全管理，食育の増進，災害への備えなどが定められている。

（3）児童虐待の防止等に関する法律

虐待の発見，通告，一時保護等に関しては**児童福祉法**（第25条，第27条，第28条，第29条，第33条）でも定められているが，児童相談所への虐待の相談件数が増加し続けているのを受けて**児童虐待の防止等に関する法律**が，2000（平成12）年に制定された。保育者は，職務上児童虐待を発見しやすい立場にあることを自覚し，虐待の早期発見に努め，子どもの様子から虐待が疑われたときには，即刻児童相談所等へ通報しなければならない（第5条・第6条）。

6．保育事故と保育者の法的責任に関する法令

本節では，幼稚園・保育所における事故の例と，その際に園や保育者が負う法的責任はどのようなものであるかを述べる。保育者の法的事故責任についてここで述べる目的は，「事故につながるからプール指導はしない」，「鉛筆は使わせない」などと消極的な保育に走ることを勧めるためではなく，事故を防止するためにはどのようなことに注意する必要があるかを考えてもらいたいためである。

（1）刑法と業務上過失致死罪

刑法上の責任が問われた例として，1990（平成2）年に，園内の井戸水を飲んだ園児らが病原性大腸菌 O-157などに感染・死亡し，園長・理事長が業務上

過失致死傷（刑法第211条）に問われた事件がある。この事件では，水質検査で井戸水から基準値を超える大腸菌群が検出され，保健所から指導があり，事件の発生が予見できたにもかかわらず何の対策もせずに飲料水として飲ませ続けたとして，有罪判決が出ている。

（２）民法と保育者の安全注意義務

　幼稚園・保育所等では，園児の安全に万全の配慮を行って保育しなければならない。しかし，どんなに安全に注意を払っても，乳幼児は保育者の思わぬ行動をとって事故を起こすことがある。

　民法において園は，保護者に代わって保護監督する責任（**代理監督者責任**），園の保育者は，園児の安全に注意する義務（**安全注意義務**）をそれぞれ負っており，その責任範囲は，学校の先生以上に広い。すなわち朝，保護者から園児を引き受けた時点から，午後または夕方保護者が迎えにきて引き渡す時点まで休みなく続く。

１）保育者が安全注意義務を怠ったために起きた事故

> **【事例９－１：プールで転落】**
> 　園外保育で市内のプールを訪れ，子ども用プールで遊んでいた５歳の男児が，引率の職員が目を離したすきに大人用のプールに入り転落。水中に沈んでいる状態で発見され，病院に運ばれたが死亡した。

　プールの事故発生の危険性は比較的高い。例えば園庭のプールで夏期水泳指導中，園を訪れた保護者に対応しようと，保育者が庭先の門に出向いたわずかの時間に，園児が溺死したこともある。事例９－１の場合，プール指導中の**安全注意義務を怠った**として，保育者の過失（第709条不法行為による損害賠償），園児を安全に保育するという，園と保護者の間の暗黙の契約に違反した園の過失（第415条債務不履行による損害賠償），転落防止設備がなく監視員が適所に配置されていなかったプールの設置者である市の**営造物の瑕疵に基づく損害の賠償責任**（後述の国家賠償法第２条）に基づく損害賠償請求の訴えを遺

族が起こした。

　このほか，一般に園については，不注意な保育者の，使用者としての責任（第715条使用者等の責任），園長の，保育者監督者としての責任（第715条第2項）および，親権者に代わって園児の安全に注意して保護・監督する義務を怠った責任（第714条第2項責任無能力者の監督義務者等の責任）がある。これらに基づく損害賠償責任が問題とされる場合もある。

2）園児間の加害事故

> 【事例9－2：鉛筆のつつきあい】
> 　5歳児クラスの保育室で，園児が鉛筆で字の練習をしていた。担任保育者は，うまく鉛筆がもてないA児の指導をしていたところ，A児と離れた机でB児とC児が鉛筆のつつきあいを始め，B児がC児の左目を突いて失明させてしまった。

　ハサミや竹ひご，鉛筆などの用具を保育で用いるとき，園児間のいたずらなどで突発的事故が起こることが予測される。このような場合，事前に園児達に，「振り回さない」「お友達にとがった先を向けない」「もち歩かない」など注意を与えることはもちろんであるが，注意をしてもやってしまうのが幼児である。保育者はこのことも予測し，保育中は園児に背を向けることなく，園児全体の動きに注意しなければならない。この事例の場合，事例9－1同様，保育者は，安全注意義務を怠った責任（第709条），園は，安全に配慮した保育をしなかった責任（第415条）および不注意な保育者を使用した責任（第715条）が問われることになる。

　さらに加害児本人は幼児であるため，民法上，自分の行為に対して法的責任を負う能力がない**責任無能力者**とみなされ，このような事故の場合は，加害児の親権者（保護者）が，責任無能力者である子どもを保護監督する責任（第714条）に基づく損害賠償責任，園長が，親権者に代わって子どもを保護監督する義務を怠った責任（第714条第2項）を問われる。

3）施設や遊具等の欠陥・管理上の問題があったため起きた事故

【事例9－3：すべり台の事故】
市立保育所でお迎えの保護者への引き渡しが済んだ後のことである。かばんを肩からかけたまま園庭のすべり台で遊んでいたところ，すべったときにかばんの紐がすべり台の手すり上端部に引っかかり，園児の首がしまって窒息死した。

すべり台の手すり上端部と，踊り場の支柱の間に隙間があったため，すなわち，園の工作物（遊具や施設）が安全性を欠いたために起こった事故である。事例9－1，9－2同様，設置者である園の債務不履行に基づく賠償責任（第415条）または，営造物（すべり台）の設置・管理者としての責任（第717条土地の工作物等の占有者及び所有者の責任）が問われる。

（3）国家賠償法

国公立園で起きた事故の損害賠償責任は，**国家賠償法**により，設置者である国・市町村が負う。国公立園の保育者や園長は，私立園のように個人が賠償責任を問われることはない。前述の事例9－1，9－2，のような事故が公立園で起きた場合，園の設置者である国・市町村が，「公務員の加害行為に基づく損害賠償責任」（第1条）を問われ，事例9－3のような事故が公立園で起きた場合は，園の設置者である国・市町村が「営造物の瑕疵に基づく損害の賠償責任」（第2条）を問われる。

園で取り返しがつかない障害や死に至る事故が起きる率は，小学校以上の学校に比べるとずっと少ない[5]。しかし，事故の生起率がゼロではない。事故はいつか起きるかもしれないと考え，日頃からその対策を立てておく必要があ

---

[5] 平成29年度独立行政法人日本スポーツ振興センター調査によると，学校管理下の死亡の発生件数（給付対象事例）は，幼保連携型認定こども園1（1）件，幼稚園0（0）件，保育所2（2）件に対し，小学校8（3）件，中学校16（8）件，高等学校・高等専門学校25（7）件，〔（　）内は突然死の件数〕。障害の発生件数（給付対象事例）は，幼保連携型認定こども園0件，幼稚園5件，保育所9件，小学校90件，中学校124件，高等学校・高等専門学校161件。

る。事故をただ怖がるのではなく，保育者が負っている責任を自覚し，「このようなことが起きるかもしれないからこういうことに注意をしていこう」という意識を高めることが大切である。そして不幸にして事故が起こってしまったときには，冷静にその対応ができるようにしておきたい。

 討論のテーマと視点

① 節分会を行うことを園だよりで伝えたところ，保護者から「うちの信じる宗教上抵抗がある。うちの子どもは参加させたくない」と言われた。保育者としてどのような対応をするか。グループで話し合おう。
② 昼食の後，トイレに行こうと走った子どもが，廊下が水で濡れていたため転んで唇を切ってしまった。子どもは病院に運ばれ，何針か縫うことになった。このような事故が起きたとき，保育者としてどのように対応するべきか。事故発生からの対応の流れや留意点をグループで話し合おう。

■参 考 文 献

- 子どもと保育総合研究所：最新保育資料集2011，ミネルヴァ書房，2011
- 増田隆男：幼稚園・保育所で事故が起きたとき，かもがわ出版，2004
- 沼田正行：そこが知りたいQ&A　私立幼稚園と賠償責任，都私幼連だより，第72号，1998，pp.4-5
- 沖縄市の幼児水死損害賠償訴訟，沖縄タイムス2月25日付記事，1999
- 解説教育六法編修委員会編：解説教育六法2018，三省堂，2018
- 独立行政法人日本スポーツ振興センター学校安全部：学校の管理下の災害（平成30年版），2018

第10章
歴史から学ぶ保育者のあり方

1. 保育者の誕生期

(1) 中村正直と亜米利加婦人教授所の3人の宣教師

わが国最初の本格的な幼稚園は，1876（明治9）年に設立された東京女子師範学校附属幼稚園である。設立の最初の建議者は中村正直であった。

彼は1871（明治4）年に横浜に開かれた「亜米利加婦人教授所」（現横浜共立学園）に宿泊し，このホームの3人の女性宣教師が，しっかりと躾をするとともに，愛情を注いで幼児の世話をしている姿勢を通し，子どもを家庭で育てるよりもすばらしい幼児教育のあり方に感銘を受けたといわれている[1]。

(2) 東京女子師範学校附属幼稚園の関信三と3人の保育者

東京女子師範学校附属幼稚園には，監事（園長）として関信三，首席保姆に松野クララ，保姆に豊田芙雄・近藤濱らが赴任した。当初は，上流階級の子弟が通園していた[2]。松野クララは，ドイツの保姆養成学校でフレーベル主義の保育方法を学んだドイツ人女性であり，首席保姆であると同時に，東京女子師範学校保姆練習科でフレーベルの恩物の使用法等の講義も行い，日本人の保姆への教育指導にあたっていた。当時はピアノを弾く保育者は彼女一人であったため，幼児の前でピアノを弾き子どもたちを楽しませたと言われる[3]。

日本人で初めての幼稚園保姆といわれる豊田芙雄は，水戸の家塾において女子に読書や手習いを教授していたが，東京女子師範学校設立にあたり中村正直に招聘され，教員となった[4]。豊田芙雄は，『保育の栞』の中で保姆の資格に

ついて「保姆たるものは，毎日心を温和にして爽快活発，丁寧で心のこめた慈悲深い対応をすることと，音楽唱歌・室内の遊戯や恩物の使用に熟練していること。常に清潔で秩序正しく，整理整頓する規律を実行するべし」[*1]と書いている。修身および博物の話は最も簡易にするのであって，良心を養成することを強調し，気長く温和であることとしていることがわかる。また躾には厳しく悪事や虚言には，保育室の外に出し片隅で指導を行ったようである[5]。1899（明治32）年になっても幼稚園の普及率が1％に満たないほど幼児教育への関心が薄い中，保育者の役割は家庭教育の補完であったことが十分に理解できる。

（3）「保育4項目」時代の保育者

1899（明治32）年，国が中心となり「**幼稚園保育及設備規定**」を制定し，我が国独自の保育内容を規定し，保育内容に「遊嬉・唱歌・談話・手技」の4項目が示された。この規定は，これ以後の幼稚園教育の性格を確定したものとなった。民間の中に，貧しい子どもたちの幼稚園を設立しようとする動きが生まれたのもその頃であった。1900（明治33）年に，貧困家庭の子どもたちを対象とした**二葉幼稚園**が，**野口幽香**と**森島峰**により開設された。2人は「貧困家庭の子どもにこそフレーベルの精神による幼児教育が必要である」と考え，多くの恩物を用いず他の幼稚園との違いを明示した。子どもの言葉遣いを正す，生活習慣や衛生管理の徹底を重視するなど，幼稚園の教育が実際の子どもの生活から離れてしまわないよう教育内容の改善に努めている。「園外運動」の重視，「家庭との連絡」「小学校との連絡」など，新しい実践も行っていた[6]。

（4）明治期後半にみる専門職としての保育者

幼稚園の教育が広がる中で，**中村五六**や**和田実**らにより，保育者の専門性を求める傾向が現れてきた。中村と和田は『幼児教育法』（1908（明治41）年）

[*1] 『保育の栞』は，文部省の『幼稚園教育百年史』にあるように執筆時期を1879（明治12）年と断定することは難しいが，『保育の栞』に盛り込まれた内容は，大部分が豊田芙雄が明治12年以前に習得していた保育理解である（前村晃・高橋清賀子・野里房代・清水陽子：豊田芙雄と草創期の幼稚園教育，pp.271-273, 建帛社，2010）。

を共著し,「幼児の生活活動は遊戯と習慣の集まりであるので,これを教育する手段や方法もまた,遊戯と習慣との中に見いだすべきである」と主張した。

和田はまた,「幼稚園令」(1926(大正15)年)の制定に力を注ぎ,その中で保姆の資格を定め,よりよい幼児教育を行うためには保姆の質が重要であると主張し,保育者の専門性に目を向けさせることになった[7]。

2. 大正,昭和初期にみる幼稚園教育の普及と幼稚園保姆の地位

(1) アメリカの児童研究と自由保育の潮流にみる保育者

明治中期から,アメリカでは科学的児童研究が台頭し,ホール(S.G.Hall)やデューイ(J.Dewey)らによって形式的フレーベル主義が批判されるとともに,幼児の戸外遊びの重視を主張するヒル(P.S.Hill)を代表とした進歩派らによる新しい教育がアメリカ各地で普及されていった。当時わが国では,東京女子高等師範学校附属幼稚園を模範とした保育内容と保育者像が普及されていたが,形式的フレーベル主義であるとの批判を受けることになった。

『婦人と子ども』誌の編集責任者であった東基吉(ひがしもときち)は,恩物中心主義の保育を離れ,幼児の自己活動を重視する遊戯中心の保育理論を展開し,倉橋惣三(くらはしそうぞう)らとともに,児童中心主義の保育者のあり方を主張していった。

(2) 倉橋惣三の思想にみる保育者

倉橋惣三は,『婦人と子ども』[8]の中の一節で次のように述べている。

> 幼児教育の第一義は幼児の生活の価値を知ることである。(中略)
> ここに幼児教育者の天才者がありとすれば,その人は幼児生活の価値を感じ得るような性質に生まれている人である。
> ここに幼児教育の真の意味の大家があるとすれば,その人はだれよりも正当にまた切実に幼児生活の価値を知っている人である。

倉橋は,東京女子高等師範学校で心理学の講義を担当するとともに,『婦人

と子ども』[9]に次のような文章を掲載している。

> 【子どもから学べよ】
> 　幼児教育に多くの基礎知識を必要とすることは言うまでもない。しかし，子どもの心性を知るというも，子どもをいかに取り扱うべきかの方法を知るというも，本や講義からのみ学び得ることではない。もとといえば，いうまでもなく子どもから学ぶことである。「子どもから学べ」ということは，フレーベルが幼児教育者に与えた最大なる格言の一つである。

　倉橋は幼稚園の歴史において初期の教えすぎる幼稚園や，極端な消極的幼稚園への批判を熱心に行い，「子どもの自然な発達性を信じ尊重するためには，吾人の幼稚園が，存在の意義と職能を持つ」[10]と主張し，幼児教育者に責任と自信をもつことを喚起している。

（3）戦時下の保育者

　1941（昭和16）年12月，太平洋戦争に入ってからは，幼稚園の保育内容は，戦時色が濃くなっていった。徳島市新町幼稚園勤務の**新居礼子**の口述からは，幼児教育の内容や方法を通して保育者のあり方がうかがわれ，時代の流れを反映するさまが手に取るように理解できる[11]。

> 【新居礼子の口述より】
> 　当時は，軍国主義の時代でしたので，心身ともに鍛えました。又，しつけを重視しました。一人一人の能力を伸ばすと言うことをあまり言わないで，団体として教育したものです。（中略）特に男子にとっては，教育目標はただ一つ，それは立派な兵隊になる（する）ことでした。

3．戦後の保育制度と保育者

（1）戦後の教育制度と保育者のあり方（戦後～昭和30年頃まで）

　終戦後の1947（昭和22）年に「**教育基本法**」が制定され，同年，さらにその理念を具体化するため「**学校教育法**」および同施行規則が制定された。幼稚園

は，第1条に規定される学校の一種として位置づけられた。幼稚園教員の名称が，「保姆」から「教諭」に変わったのもこのときである。

1947（昭和22）年には，「児童福祉法」の制定により保育所の制度が発足した。そして，児童福祉法第39条に規定された保育所をはじめとした児童福祉施設において，児童の保育に従事する女子を，「保母」と称するようになった。しかし，一般には，「保母」は，保育所保母を指すようになった。

当時の厚生省児童局保育所保母関係の担当官であった副島ハマの記述によると，「保母の職務内容を考える時，その対象とする児童が，年齢，環境，精神，身体の何れかに弱い面を持っている者であるから，単なる教育的立場からではなく，母性愛をもってその保護，養護，教護にあたるべきであることはいうまでもない」[12]としており，心身ともに健やかで，熱意と愛情をもち，知識と技術を携えた保母像を主張していることがわかる。

（2）「保育要領」と幼児の生活を重視した保育者

文部省は，1948（昭和23）年に「保育要領-幼児教育の手引き」を刊行する。幼稚園の教育が小学校とは異なるもので，「幼児期に適切な，それ独自の意義と使命を持った教育施設であること」を強調しており，保育も時間枠ではなく，生活の流れに応じて保育を行うものだと位置づけられていた。

保育者は，今までの保育項目を廃止して「楽しい幼児の経験としての12項目（見学，リズム，休息，自由遊び，音楽，お話，絵画，製作，自然観察，ごっこ遊び・劇遊び・人形芝居，健康保育，年中行事）」を実践することになった。教育課程や指導計画という言葉は使われず，児童中心主義の考え方に影響を受け，幼児の自発的な活動を保育の中心に据えるものであった。

4．昭和30年代～昭和後期にみる専門家としての保育者像

戦後は保育者の養成制度が徐々に整備され，時代・社会の要請とともに，期待される保育者像が明らかになっていく。またこの時期は制度の違いや教員養

成と保母養成の方法の違い，保育内容等の基準の違いから，幼稚園教諭と保母（保育士）に期待される保育者像は，それぞれ異なっている時期である。

（1）幼稚園教諭免許制度の動向――大学での保育者養成や現職教育

　1949（昭和24）年，「**教育職員免許法**」が制定され，幼稚園教諭免許状は一級免許状と二級免許状に分けられた。戦後は社会の変動に伴い，時代に応じた教育の理念や方法を身につけることを目的とした教員の養成が試みられた。1958（昭和33）年の中教審答申には，「専門職業としての教員に要請される高い資質の育成のためには，教員の養成を大学において行う」という方針が明確に打ち出され，同時に質の向上を図る現職教育制度が整備されていった。

　当時は，普通免許状（一，二級）保持者は65.9％にすぎず，そのうち一級保持者はわずか5.3％であった。これに対し，臨時免許状保持者は15.2％，もっていない者が18.9％もいたことが明らかになっている。

　1956（昭和31）年からは「教育指導者講座」が開催されている。指導的立場の園長，教諭，指導主事などの参加を得て，幼稚園教育要領や指導書等の趣旨の周知徹底を図ることを目的に開かれたものがほとんどであった。

（2）「幼稚園教育要領（1956（昭和31）年）」刊行と保育者

　保育者像は，保育内容の基準となった「**幼稚園教育要領**」（1956（昭和31）年）の刊行が契機となり，そのイメージがつくられていった。

　保育内容が幼児の経験として示されているだけで系統性に乏しい，目標と内容のつながりが明示されていないなどという「保育要領」への批判とともに，小学校教育との一貫性をもたせる幼児教育のあり方が期待されるようになった。幼稚園教育要領は，教育課程を作成するための基準を示すものとなる。幼稚園教育の目標から演繹された6つの領域（健康，社会，自然，言語，音楽リズム，絵画製作）によって，保育内容を系統的に示すという考え方が導入された。この6領域の分類は，指導計画を作成するために便宜的になされたもので，幼児の具体的な経験はほとんど常に，それらいくつかの領域にまたがり，

交錯して現れるとされた。しかし，幼稚園現場においては，6領域に示した事項から活動を選び出して，領域ごとの単独活動が計画されることもあった。保育者像には，生活や遊びを楽しむ人という観点が薄れ，小学校との一貫した保育実践を行う人という観点が浸透していった。

（3）保母養成の動向——「幼稚園と保育所との関係について」

1950年代半ばから1970年代前半までの高度経済成長期，働く女性が増える社会の中で，保育所増設運動も加速し，保育所保母の養成のあり方にも活発な議論がわき起こっていった。

厚生労働省「社会福祉施設調査報告」によると，1964（昭和39）年当時，39,431人いた保育所保母のうち，約2割の6,433人がいわゆる無資格保母であった。保母の需要はその後増大していくことを考えられたため，保母養成対策についての意見が中央児童福祉審議会によって具申された。

幼稚園と保育所との関係も活発な議論を呼んだ。1963（昭和38）年には，文部省と厚生省合同による共同通知「幼稚園と保育所との関係について」を発表し，保育所の機能のうち，教育に関するものは，幼稚園教育要領に準ずることが望ましいことが確認された。保育所における保母について，3歳以上の幼児に対して幼稚園教育要領に対応した教育を実践できるよう現職教育を計画することが通知されている。

（4）「幼稚園教育要領」（1964（昭和39）年告示）と「保育所保育指針」（1965（昭和40）年通知）と保育者

1964（昭和39）年，「幼稚園教育要領」が法的拘束力のある文部大臣告示として制定されたが，実際はそれを安易に利用して教科主義保育を行う園と，逆にあえて無視して独自の保育方針を展開する園との二極分化がみられていた。

ただし，幼稚園の増加により幼稚園教諭として学校教諭経験者が多かったこともあり，領域が教科的に扱われる傾向に拍車がかかったとも言われる。

保育所では，1965（昭和40）年，初めての「保育所保育指針」が編纂され

た。この保育所保育指針は，保育所における保育の基本的性格を，「養護と教育とが一体となって，豊かな人間性を持った子どもを育成する」と明示したところに特徴がある。「教育」の部分については，1963（昭和38）年の「幼稚園と保育所について」で通知したとおりであったが，保育所保育のあり方に，児童福祉の理念をどのように取り込んでいくかが保育所独自の問題であり，「保育に欠ける子ども」の保育に対する保育内容づくりが工夫された。

5．子どもを取り巻く環境の変化と保育者に期待される役割

（1）平成初期の動向と保育者の専門性

　文部省は，1989（平成元）年に「幼稚園教育要領」の改訂を行い，幼稚園教育は環境による教育であり，①幼児の主体的な生活を重視し，②遊びを通した総合的な指導と，③一人一人の発達の特性を重視した指導を行う教師としての保育者のあり方をはっきりと打ち出した。指導計画の作成では，「環境の構成」に重点をおき，子どもの発達の側面から「領域」を6領域から5領域（健康，人間関係，環境，言葉，表現）とするなど，小学校教育との違いを明らかにし，領域を教科と同一視しないように，領域の名称にも配慮がうかがえる。

　厚生省も1990（平成2）年に「保育所保育指針」を改定し，3歳以上においては教育要領に準じた5領域への対応もみられる。要領と指針いずれも，保育者主導の保育のあり方を改め，子どもの主体性を重んじることが期待された。

　しかし期待される新たな保育の展開に対し，実際は子どもの主体性を重んじる保育と放任保育の違いがわかりにくい等と，保育場面における混乱が各地でみられたと言われる。

　そこで現職保育者の専門性の向上に焦点を合わせた「保育者研修制度」がスタートすることになる。幼稚園では1992（平成4）年に新規採用研修が，翌年に保育技術専門講座が開設され，幼稚園教諭の専門性を育成する方針が打ち出されている。文部科学省の「保育技術専門講座資料」によると，幼稚園教諭の専門性とは，「一人一人の幼児の内面を理解し，信頼関係を築きつつ，発達に

必要な経験を幼児自らが獲得していけるように援助すること」とされている。

保育所保母に関しても，保育団体が組織して初任者研修や中堅保母，主任保母，所長研修などが実施されている。「家庭に代わる適切な処遇を行うと共に，一人一人の発達の段階を踏まえて，心身の健全な発達を援助する機能が求められており，保育実践にあたる保育者には，福祉と教育両者の専門的知識・技能が必要」[13]と，保母の専門性が語られている。

このときの幼稚園教育要領，保育所保育指針において，幼児期の保育は，小学校以上の教育と異なることが明確にされたが，保育をどのように変えていけばいいのか，保育者らの混乱は大きかったようである。

(2) 平成10年代 (1998〜2007年) の保育者の専門性
1) 少子化と保育者

平成の時代は，急激な社会や環境の変化を受けて，人々の価値観や生活様式が多様化してきた。子どもの生活環境は大人優先の社会風潮の影響を受け，人間関係や地縁的関係の希薄化などに代表されるようにさまざまな問題が噴出し，子どもの育ちへの影響も指摘されるようになった。このような変化のなかで，幼稚園等施設の役割や今日的課題が検討され，1997（平成9）年の「児童福祉法」の大改正の後，1998（平成10）年には「保母」から「保育士」へ名称変更，「教育職員免許法」および「同施行規則」の改正，2001（平成13）年には，「保育士」が児童福祉法のなかに位置づけられ国家資格となり，「保育士」は任用資格から名称独占資格となった。それに伴い，幼稚園教諭および保育士の役割，資質向上に関するさまざまな施策が出され，現在に至っている。

2) 幼稚園教育要領・保育所保育指針（1998，1999年）と保育者の専門性

1998（平成10）年の幼稚園教育要領は，「生きる力」の基礎を培うことを主旨とした改訂となっている。幼稚園教育は環境を通して行われること，幼児が安定した情緒のもとで自己を十分に発揮できるようにすること，幼児期にふさわしい生活と遊びを通して総合的に指導していくことが示された。

幼稚園教諭には，幼児を理解しながら計画的に環境を構成する実践力と，子

どもの活動の場面に応じたさまざまな役割が期待された。教育課程を編成する際，子どもの自我の芽生えや，他者意識の育成に目を向けるなどの新しい視点が加わっている。また少子化の問題を反映して，幼稚園における子育て支援や預かり保育の役割を記述していることも，新たな専門性として注目された。

　1999（平成11）年の保育所保育指針の特徴は，児童福祉法の改正後，「養護と教育の一体化」を保育所保育の基本的姿勢として踏襲しながら，乳児保育の一般化や障害児保育の浸透，特別に配慮の必要な児童や家族への支援，地域の子育て支援など新たな保育士の専門性が示された。地域の子育て支援の拠点としての役割が位置づけられたことと，「保育所における子育て支援及び職員の研修」が明示されたことも保育者の専門性として注目する項目となっている。

3）「自ら学ぶ幼稚園教員のために」（2002年）の保育者像

　「幼稚園教員の資質向上について」[14]（2002）は，幼児期の教育が生涯にわたる人間形成の基礎が培われる時期であることを踏まえ，幼稚園教諭の専門性についての国の方針を示した報告書である。幼稚園教諭に求められる専門性として表10-1に，その資質に関するキーワードをまとめた。

4）全国保育士会倫理綱領（2003年）にみる保育者像

　社会福祉法人全国保育士協議会では，保育士が全ての子どもにかかわる際の基本理念として，子どもの育ちを支え，保護者の子育てを支えるための専門性の向上に努めるよう，『全国保育士会倫理綱領』をまとめている。表10-1は保育士の責務に関するキーワードである。近年の幼稚園教諭と保育所保育士に求められる資質として双方に共通しているのは，子ども一人ひとりの発達を保障するために，保護者との協力的な関係を築き，子どもの人権に配慮し一人の人間として尊重しながら育てることが基本となっていることである。同時に保育者の専門職としての責務を自覚するとともに，常にその専門的スキルの向上をめざした研修や自己研鑽に励むことが求められている。そして，地域の子育て支援としての役割を担い，さまざまな機関との連携力やネットワークの中核者であることが期待されていると言える。

表10-1　保育者の資質・責務に関するキーワード

幼稚園教員の資質向上について（2002）	全国保育士会倫理綱領（2003）
幼児理解，総合的に指導する力	子どもの最善の利益の尊重
具体的に保育を構想する力，実践力	子どもの発達保障
得意分野の育成	保護者との協力
チームの一員としての協働性	プライバシーの保護
特別な配慮を要する幼児への対応力	チームワークと自己評価
小学校・保育所との連携を推進する力	利用者の代弁
管理職の発揮するリーダーシップ	地域の子育て支援
人権に対する理解	専門職としての責務

（3）平成20年代（2008〜2017年）の保育者の専門性

1）要領・指針にみる保育者の役割

　平成20年代以降は，子ども・子育てに関する法律の整備が大きく変化し，今まで以上に子育て支援に関する役割を強化するなどの大きな変化が訪れた。

　保育所保育指針が2008（平成20）年に告示化され法的拘束力をもつようになることで，幼稚園のみならず保育所が，就学前の子どもの育ちを育む役割として強く期待されている。小学校との連携を積極的に奨励し「保育所児童保育要録」の送付義務，保育所の保育内容の説明責任などが明記されている。

　また，幼稚園教育要領においては，子育て支援として「教育課程に係る教育時間終了後等に行う教育活動などの留意事項」を明記するほか，地域開放等をはじめとする幼児期の教育センターとしての役割を推進している。

　さらには，幼保連携型認定こども園教育・保育要領が告示（2014（平成26）年）され，保育士・幼稚園教諭・保育教諭として従事する保育者の役割として「子育て支援」における共通性を帯びるようになってきた。

2）子ども・子育て支援新制度

　2015（平成27）年より，「子ども・子育て支援新制度」が本格的にスタートした。急速な少子化の進行と家庭や地域を取り巻く環境の変化に鑑み策定されており，子ども・子育て支援給付，その他の子ども・子育て支援のあり方等，この新制度はわが国にとって大きな改革となった。

　新制度下で進められているものとして，保育所や認定こども園，地域型保育

等での「延長保育事業」の促進，働く保護者の実態に応じた事業の推進があり，地域型保育事業として小規模保育所，家庭的保育事業，事業所内保育事業，居宅訪問型保育事業など，必要な保育を担う新たな公の場所として期待されている。従事する保育者の規程は，保育所に準ずるもの（保育士資格を有する）や保育補助的な役割を担うための研修義務を課す等が示されている。

平成20年代後半は，低年齢児の保育の需要が高まる一方，保育者（特に保育士）不足が社会的な問題となっている。保育士確保プラン（2015（平成27）年）をはじめ，人材育成や人材確保問題が取り上げられ，保育士試験の年2回実施の推進，保育士に対する処遇改善実施，潜在保育者の掘り起こし，再就職支援等，量を増加させる取り組みにも変化が現れている。

保育の量的拡大を進めるとともに，働く保育者にとって最も懸念されることは，保育の質を高める仕組みの構築である。「子どもファースト」の精神の尊重と，従事する保育者の専門性の向上に期待したい。

（4）平成30年以降の保育者に期待されること

そのような経緯の中，2017（平成29）年には幼稚園教育要領・保育所保育指針・幼保連携型認定こども園教育・保育要領が告示された。

この新幼稚園教育要領では，「幼稚園教育要領が果たす役割の一つは，公の性質を有する幼稚園における教育水準を全国的に確保することである」と明記している。長年培ってきた各幼稚園の教育の特色を生かし，地域や家庭と協力して教育活動の充実を図っていく重要性を指摘している。

また，保育者が目指す子どもの姿を共通にイメージして指導計画を立て，小学校の先生がそれをふまえた指導を工夫できるように，「幼稚園教育において育みたい資質・能力及び幼児期の終わりまでに育ってほしい姿」として「10の姿」を記していることも大きな特徴である。

保育所保育指針では，乳児・1歳以上3歳未満児の保育内容に関し，3歳以上児とは別に項目を設けている。乳幼児の遊びと生活が，五領域の発達と重なることを意識するなど保育所における幼児教育の位置づけを強調している。

2017年の改訂（改定）では，幼児教育としての役割をより具体的に示すとともに，乳児などの低年齢児保育のさらなる充実を図ったものとなっている。幼稚園，保育所，認定こども園等に従事する保育者にとって，子育て支援と幼児教育の充実に向けたさらなる専門性の向上が期待される。

  討論のテーマと視点

① 明治期の保育の特徴とその問題点を整理してみよう。
② 大正から昭和にかけて展開される児童中心主義の保育について整理してみよう。
③ 2001（平成13）年の保育士資格法定化について整理してみよう。
④ 2017（平成29）年告示の幼稚園教育要領と保育所保育指針，幼保連携型認定こども園教育・保育要領の特徴を整理してみよう。
⑤ 現在の保育者に期待される動向を整理してみよう。

■引用・参考文献

1) 横浜共立学園120年の歩み編集委員会編：横浜共立学園120年の歩み，1991
2) 村山貞夫・水野浩志：東京女子師範学校附属幼稚園の創立と保育課程，日本保育学会編：日本幼児保育史第1巻，pp.88-111，1968
3) 岡田正章ほか編：現代保育用語辞典，p.510，フレーベル館，1997
4) 岡田正章ほか編：現代保育用語辞典，p.497，フレーベル館，1997
5) 宍戸健夫・阿部真美子編著：保育思想の潮流，「保育の栞」，pp.59-66，栄光教育文化研究所，1997
6) 宍戸健夫：「二葉幼稚園の設立とその意義」，日本保育学会編：日本幼児保育史第2巻，pp.213-224，1968
7) 東京教育専門学校・辛椿仙編：和田実における「幼児教育論」，pp.60-61，2000
8) 婦人と子ども，第16巻第2号，フレーベル会，1926
9) 婦人と子ども，第13巻第11号，フレーベル会，1926
10) 倉橋惣三：幼稚園雑草（下），フレーベル館，2008
11) 新居礼子：幼稚園教育百年史，p.254，ひかりのくに，1979
12) 水野浩志ほか編：保育者と保育者養成，pp.113-123，栄光教育研究所，1997
13) 同掲書，p.391
14) 文部科学省：「幼稚園教員の資質向上について－自ら学ぶ幼稚園教員のために」，幼稚園教員の資質向上に関する調査研究協力者会議報告書，文部科学省，2002

第11章
子育て環境と保育者の役割の変化

　これまでの章で，保育者に求められる役割が子どもの保育を基本としながらも，それだけではないことを理解したことであろう。子ども一人ひとりへのきめ細かな配慮と援助，地域や保護者・他職種との連携が強調されるようになったのは，近年のことである。なぜそのように変化してきたのだろうか。本章では，子どもや子育てを取り巻く環境の変化に伴い，求められる役割がどのように変わり，どのような専門性が求められているのか理解していこう。

1．少子化と保育

（1）少子化の進行

　保育におけるさまざまな変化は，少子化の現象と切り離せないものがある。第二次世界大戦後しばらくは，**出生数**の増加や幼児教育への関心の高まりなどにより，幼稚園も保育所も施設数，在籍児数ともに増加を続けてきた。しかし1970年代後半（昭和50年代）から，子どもの出生数は減少し始める。1973（昭和48）年，209万1,983人であった出生数は，2017（平成29）年には94万6,065人となり，約115万人（約55％）減少した。

　この変化を受け，幼稚園の園児数は1978（昭和53）年の249万7,730人をピークに，その後30年間減少し続け，2017（平成29）年には，127万1,918人と約122万人（約49％）減少している。

一方, 保育所の入所児数は, 1980 (昭和55) 年199万6,082人に達した後, 幼稚園同様1992 (平成4) 年まで減少を続けるが, その後増加に転じ, 2017 (平成29) 年には225万8,310人となっている。女性の労働意欲の高まりから子育て世代の女性の就業率が上昇し, 保育所への入所を望んでいる待機児童がいるのが現状である[1]。

(2) 幼稚園と保育所の変化
1) 幼稚園の変化
　このような少子化による園児数の減少は, 私立が多い幼稚園に厳しい状況をもたらした。この時期, 園児数減少に苦慮する幼稚園と保護者の意向が合致したいくつかの変化が表れる。まず, 入園時期の早期化である。園児数の減少とは対照的に, 3歳児の在籍児数は30年間で約2.5倍に増加している。さらに, 3歳になった4月を待たずに入園する満3歳児入園や子育て支援としての2歳児保育も全国的に展開されるようになってきた。

　いま1つは, 保育時間の長時間化である。幼稚園の教育時間は原則4時間とされているが, 教育時間の終了後に「**預かり保育**」が行われるようになった。そして子ども・子育て支援新制度では, 一時預かり事業の幼稚園型として位置づけられている。預かり保育の実施率は, 1993 (平成5) 年には全幼稚園の19.4%であったが, 2016 (平成28) 年には85.2% (私立園では96.5%) の園で実施されており, 長期休業中も実施している幼稚園や始業前に行っている園もある。預かり保育は, 全ての幼稚園で実施されなければならないものではないが, 2017 (平成29) 年の幼稚園教育要領では, 幼児教育の基本をふまえて実施することや家庭や地域の生活を考慮し計画を作成すること等が明記されている。また, 園バスや給食の導入も進み, 一部の園では対象児, 保育時間など保育所の機能に近いものとなっている[2]。

2) 保育所の変化
　1994 (平成6) 年の**エンゼルプラン**の策定から, **少子化対策が急速に実施**された。保育所では, 子育てと仕事の両立支援のために, 乳児保育の拡大や**延長**

保育，休日保育，病児・病後児保育の推進が図られた。開所時間をみると，1995（平成7）年に11時間以上開所している保育所は13.9％であったが，2012（平成24）年には75.6％にまで増加した。しかし，2015（平成27）年には，57.3％に減少した。

　乳児保育では，1998（平成10）年に児童福祉施設最低基準（現・児童福祉施設の設備及び運営に関する基準）が改正され，0歳の職員配置基準が保育士1人に対して6人から3人になり，乳児保育の一般化が実施された。また『平成10年版　厚生白書』では，これまで家庭保育を勧めてきた立場から一転し，三歳児神話について「科学的根拠は認められない」と明言した。このような背景から，1980（昭和55）年約30万人近くであった3歳未満の入所児数は，2017（平成29）年103万人余まで増加している。そのうち1・2歳児は88万人余りで，保育所等を利用している子どもは45.7％となっている[3]。

（3）子ども・子育て支援新制度の始まりと保育教諭

　わが国では急速な少子化が進行する一方，女性の労働意欲が高まり，子育て世代の就業率の増加により保育所に入所できない待機児童の問題がクローズアップされてきている。また，子育てにおいて親が孤立感と負担感を感じている現状もある。こうした状況から政府は，「質の高い幼児期の学校教育，保育の総合的な提供」，「保育の量的拡大・確保（待機児童の解消），教育・保育の質の向上」，「地域の実情に応じた子ども・子育て支援の充実」を課題として挙げ，これらに対応すべく，「子ども・子育て支援新制度」を創設した。

　この新制度は，2012（平成24）年8月に成立した子ども・子育て関連3法（「子ども・子育て支援法」，「認定こども園法の一部改正法」，「児童福祉法の一部改正等関係法律の整備法」）に基づくものである。新制度の主なポイントは，次の通りである。

　① これまで幼稚園と保育所では，異なる給付体系であったが，認定こども園，幼稚園，保育所への共通の給付が行われるようになった。また待機児童の多い3歳未満児を受け入れる小規模保育等への給付が創設された。

②　認定こども園制度が改善され，幼保連携型認定こども園について，認可・指導の一本化，学校および児童福祉施設としての法的位置づけ，財政措置の一本化が行われた。
③　地域の実情に応じて，地域子育て支援拠点や放課後児童クラブなどの「地域子ども・子育て支援事業」の充実が図られた。

新たな幼保連携型認定こども園における保育者は「保育教諭」と呼ばれ，幼稚園教諭免許状と保育士資格の併有が原則である。今後，資格の一本化やあり方について検討される予定である。また公立の幼保連携型認定こども園の職員は，基本的に教育公務員特例法に規定する教育公務員として取り扱われる。

2．地域の子育て家庭と保育

(1) 家庭や地域の養育力

　子どもと家族を取り巻く環境は，少子化，核家族化，都市化，情報化，国際化など，社会の影響を受けている。人間関係が希薄になり，地域におけるつながりも希薄になってきたのが現状である。地域社会の大人が地域の子どもに関心を示さなくなり，悪いことをしていても声をかけず，かかわろうとしなかったりする。これは，大人対子どもの関係だけでなく，子育て経験者と現在子育てをしている親とのつながりも形成されないこととなる。子育ては家族内の世代間伝承だけでなく，地域の子育ての知恵の伝えあいや協力関係があって成立していたのであり，社会のなかでの孤独な子育てでは，子育ての負担感が増すことになる。

　近年，親自身がこのような社会で子ども時代を過ごしてきた世代であり，子どもとどのようにかかわったらよいのか，どのように遊んだらよいのかわからないことも多々ある。また子育てでは，勉強や仕事と異なり，効率よく計画的には進まず，結果がすぐに表れないものである。そして，子どもを育てるということは，感情をもつ人とのかかわりであり，生活という複雑な環境では，こうしたらこうなるというマニュアル的な方法は使えない。

このような，子どもを育てる親の生活力，養育力の低下，それを支える地域の人間関係の希薄化と教育力の低下が指摘されている[3]。

（2）保育・教育施設に求められる役割

このような現状を受け，在園児の保護者だけでなく地域の子育て家庭への支援が求められるようになった。特に保育士は，2001（平成13）年の児童福祉法の改正において，**保育士資格**が国家資格化され，「児童の保育及び児童の保護者に対する保育に関する指導を行う」ことが明記された。また2003（平成15）年の改正では，「居宅生活の支援」のなかに，「子育て支援事業」の項目がおかれ，地域における子育て支援事業の内容などが定められた。

2006（平成18）年に改正された**教育基本法**では，家庭教育と幼児期の教育についての条文が新設され，国や地方公共団体が家庭教育の支援に努めるよう定められた。また2007（平成19）年に改正された**学校教育法**では，幼稚園が家庭や地域における幼児期の教育の支援に努めるよう定められている。

地域の子育て支援事業は，園だけが担うものではないが，保育に関する知識と技術，情報をもつ機関として子育て支援を担う役割が求められている。

1）家庭・地域との連携，支援

では，園においてどのようなことが行われるようになったのだろうか。

2017（平成29）年告示の**幼稚園教育要領**では，家庭との連携を十分に図ることと，保護者との情報交換の機会を設けたり幼児との活動の機会を設けたりすることなどの留意事項が示された。また地域の自然や人材，行事や公共施設などの地域の資源を活用し，家庭や地域社会との連続性を保ち，幼稚園での生活が展開されるようにと書かれている。

このような家庭や地域との連携だけでなく，幼稚園では預かり保育も広く行われるようになっていることに対して，その留意事項が示され，在園児だけでなく地域の子育て家庭に対しても幼児期の教育のセンターとしての役割を果たすよう求められている。

長らく保育所の役割は「家庭養育の補完」とされてきたが，2008（平成20）

年に告示化され法的拘束力をもつようになった**保育所保育指針**以降,「家庭との緊密な連携」と表現され,家庭とともに子どもを育て,生活する場であると捉えられた。保育の目標にも,子どもの保育だけでなく,保護者への援助も掲げられた。また子育て支援として1つの章が設けられ,支援の基本と在園児保護者への支援(相互理解,状況に配慮した個別の支援,育児不安や虐待への対応など)と地域の保護者等への子育て支援,地域の関係機関との連携について示された。このように社会の要請を受け,子どもの保育だけではなく,家庭や地域との連携や支援が求められるようになっている。

2)地域の子どもをともに育てる

子どもの生活や社会環境の変化,家庭や地域の教育力の低下などによる,子どもの育ちの課題として,基本的な生活習慣が身についていない,他者とかかわることがうまくできない,自制心や規範意識が育っていないなどが指摘されている[3]。

幼児期を園で育った子どもが小学校に入学し,学習に集中できない,先生の話を聞けないなど授業が成立しない状況が生じ,遊びと環境を通した保育を行ってきた園に対して,非難が向けられたこともあった。このような子どもの様子をきっかけに,幼稚園・保育所と小学校の発達や学びの連続性について検討され始め,カリキュラムの接続,子どもと保育者・教員の交流・連携が次第に行われるようになってきている。

2017(平成29)年の幼稚園教育要領や保育所保育指針,幼保連携型認定こども園教育・保育要領では,小学校への円滑な接続のために,保育者・教師の意見交換や合同研究の機会などを設け,「幼児期の終わりまでの育ってほしい姿」を共有するなど連携を図るようにと明記されている。

このように,地域で育つ子どもをそれぞれの保育・教育機関が分断して担当するのではなく,子どもと保育者・教員が交流・連携し,カリキュラムも双方を視野に入れて工夫し,子どもの育ちの連続性を保障する方向へ進んでいる。

3．個別のニーズと保育

（1）福祉，人権，教育への認識の変化
　1950年代に生まれたノーマライゼーションは，障がいのある人も一人の人間として，普通の社会生活にできる限り近づけるよう条件を得ていくという考え方である。ノーマライゼーションの理念は，1983（昭和58）年からの国連「障害者の10年」で国際的に広まった。1994（平成6）年には「児童の権利に関する条約」を日本も批准し，「差別の禁止」「生命の権利」「教育への権利」などが定められた。

　このようなノーマライゼーションの考え方，児童の権利に関する認識の広まりを背景に，2007（平成19）年，学校教育法に**特別支援教育**が法的に位置づけられた。特別支援教育では，これまでの特殊教育の対象であった障がいだけでなく，知的な遅れのない発達障がいも含めて特別な支援を必要とする子どもに対して，学校に**特別支援コーディネーター**を置き，一人ひとりの教育的ニーズを把握し適切な支援を行うものである。

（2）個別のニーズへの対応
　このような学校教育法の改正により，幼稚園でも特別支援コーディネーターを置き，発達障がいも含め障がいがあると思われる子どもに対して個別の支援計画を立て，関係機関と連絡をとり保育を行っていくこととなった。学校教育法の対象でない保育所でも，幼稚園と同様に一人ひとりの発達過程や障がいについて把握し，他の子どもとの生活のなかでともに育つよう，指導計画のなかに組み入れていく。

　現代においては，子どもの生育環境により子どもの育ちの様子が多様であり，障がいの有無にかかわらず，子どもの個別のニーズに対応していくことは基本である。障がいのある子どもだけでなく，他国籍をもち多文化に生きる子どもも増えている。その子ども達の基盤となる文化，宗教を尊重する姿勢も保育者には求められる。

4．多様化する保育と保護者支援

（1）多様化する保育

　第二次世界大戦後，日本の乳幼児期の保育・教育は，幼稚園と保育所に二分されてきたが，近年乳幼児期の保育を担う園は多様化している。

　前出の「1．少子化と保育」で述べたように，幼稚園と保育所の機能が接近してきており，共働き家庭であっても希望し条件が合えば幼稚園を利用することも可能である。

　また，少子化により園児が減少する幼稚園と待機児童が常にいる保育所の施設の供用化の検討に端を発し，政府の主導で構想されたのが「総合施設」である。2006（平成18）年には保護者の就労の有無にかかわらず入園を受け付ける「認定こども園」として設立され始めた。

　これまで保育所では，行政によって措置され入所する保育所が決められたため，保護者が選択することはできなかったが，1998（平成10）年から利用施設に変わり，保護者が希望保育所を選択し入所申し込みをするようになった。このことは，保育所が選ばれる保育所となるよう，保育環境や保育内容のさらなる工夫が求められるようになったといえる。保育所保育指針が告示化され，大綱化されたことにより，さらに創意工夫が期待されている。

　また2015（平成27）年4月から実施されている子ども・子育て支援新制度では，市町村の認可事業である地域型保育給付施設として，0～3歳を主として保育する小規模保育，家庭的保育，居宅訪問型保育，事業所内保育が含められた。これにより，これまで保育料が異なるなどの事情で認可保育所を希望していた保護者も，施設型給付施設の保育所，認定こども園と地域型保育給付施設から選択が可能となった。その他，自治体が独自に補助金を支給する認可外保育所（東京都の認証保育所や横浜市のよこはま保育室など）もある。

　このように，幼稚園，保育所，認定こども園など多様な園から選択できるようになり，保護者にとっては，選択肢が広がったといえる。また，家庭で未就

園児を育てる保護者にとっても，子育て支援の場や利用できる機関が増え，選択の幅が広がっている。

（2）多様な保育から選択する

　このように，就労の有無によらず多様な園から，子どもの過ごす環境と入園の時期を保護者が選択する時代である。育児休業が取得でき，いつ仕事に復帰するのか，家庭で子育てをしている場合には2年保育にするのか3年保育にするのかなど，子育てを支援する制度と環境が保障され，多様な選択肢があることで，保護者は自ら選択決定することを求められる。さまざまな園の情報を集め，それぞれの状況に合わせて選択するのは保護者である。園や子育て支援が多様化したことにより，選択できるよさがあるが，多くの情報のなかから何を判断の基準にして選択していくのか，保護者たちはとまどうことも多い。

（3）子どもの最善の利益と保護者支援

　園が選択される時代になったが，その選択権は子どもではなく保護者にある。そこで問題になるのが，何を優先して選択していくかという問題である。保護者の仕事の都合で，できるだけ長時間預かってくれる保育所を選択することもあるだろう。また子どもの将来を考え先々困らないようにと考えて園を選ぶ場合もあるだろう。ともすると保護者の思いや都合が優先され，子どもが乳幼児期を過ごす園が決められることも多々ある。

　しかしこのような保護者の思いが，子どもが育つために必要としている生活環境と一致しない場合もある。保護者の庇護の下で暮らす子ども，自分の思いを言葉で主張することの難しい子ども達である。保育者は，子どもの育つ一時期にかかわる者ではあるが，親子関係形成の基礎となる乳幼児期にかかわっている。保護者の意向を受け止めながらも，子どもの思いや育ちに必要な環境を保護者に伝え理解してもらうこと，保護者が子どもとの生活を楽しみつつ養育する力を発揮できるように支援することは，保育者の役割の1つである。

5．多様なニーズへ対応する保育者への期待

（1）求められる専門性と研鑽

　変化の著しい時代の保育を担う保育者には，一人ひとりの子どもへの保育と保護者への支援が職務として求められている。詳しくは各章で述べてきたが，では，いま保育者にどのような専門性が求められているのだろうか。

　乳幼児期の育ちや特性をふまえ，非言語的な表現も含め理解し，子どもが育つ環境を用意し，生活や遊びを通して総合的に育ちを支援する力が求められることは，保育の基本として変わりない。けれども，子どもの育ちが一人ひとり異なること，その違いが広がっていること，障がいのある子ども，異なる文化で育った子どもへの保育など，さらに細やかな専門性が求められている。

　幼稚園では，これまで対象外で養成課程でも学ばなかった3歳未満児への保育や長時間園で過ごす子どもへの保育，保育所では，幼児期後期の保育内容の充実など，これからは互いの領域についても学び合う必要があるといえる。

　幼保連携型認定こども園の保育教諭は，幼稚園教諭免許状と保育士資格を併有し，保育に関して養成機関在学中に広く学んでいるといえる。しかし，実際の保育を進める場合には短時間保育と長時間保育の進め方などにおいて，保育者がチームを組んで保育を担当する場面が多くなり，チーム保育を担当する保育者としての専門性が求められる。認定こども園の運用の形態は多様であり，保育教諭も新しい職名であるため，これまでの固定概念にとらわれることなく，子どもの育ちを柔軟かつ総合的に支援していく専門性が問われる。

　また，地域の子育て家庭へも養育力が発揮できるよう支援する力も求められ，大人とかかわる力も必要とされている。少子化対策から始まった子育て支援は，今では次世代育成という視点に移行し，園では小・中学生などとの交流が行われるため，児童全体を育てる視点とその能力も必要となっている。

　養成期間に保育者としての専門性を身につけたら，その後はその力を維持すればよいというわけではない。保育者は，常に自分や保育について振り返り，

資質の向上に努めることが求められる。

　公立の幼稚園や幼保連携型認定こども園に勤務した場合，**教育公務員特例法**により研修が義務づけられている。私立幼稚園でも市町村や各園で新任研修が行われる。保育所に関しては，保育所保育指針で，職員の資質向上という章が設けられている。多様で広い保育ニーズへの対応や保育所の独自性を求められる現状においては，職員全体の資質の向上は必須である。保育者は保育について，保育者としての自分について，自分自身でまた保育者集団で振り返り，資質を高めていく。また在学中や保育者になってから，自分の関心により得意分野を極め，保育者としてのアイデンティティを形成していきたい。

　認定こども園の設立や幼稚園と保育所の機能の接近により，幼稚園教諭免許状と保育士資格の併有が求められているが，国の教育振興計画においては，併有だけでなく，幼稚園と保育所の合同の研修も促されている。このように幼稚園だから幼児教育を，保育所だから養護をというのではなく，幼稚園でも保育所でも教育と養護を視野に入れた保育を行う必要が生じてきたのである。取得制度も**幼稚園教員資格認定試験**が行われるようになり，一定の条件を満たす保育士は幼稚園教諭二種免許状が取得できるようになった。

　保育の内容に関しても，これまで以上に幼稚園教育要領と保育所保育指針，幼保連携型認定こども園教育・保育要領への理解が必要とされるであろう。そして今，保育者として環境を設定し，子どもを理解して援助し，再び環境を構成するなどの実践力の向上も必要とされている。近年「**教職実践演習**」の履修が義務づけられるようになったのは，その表れであろう。

（2）保育者としての倫理

　教育基本法第11条では，幼児期の教育が「生涯にわたる人格形成の基礎を培う重要なもの」であること，また2017（平成29）年に告示された保育所保育指針にも「子どもが現在を最も良く生き，望ましい未来をつくり出す力の基礎を培う」と明記され，乳幼児期の保育の重要性が認知されている。「学ぶ」の語源は「まねぶ」であるといわれているが，子どもは生活のなかで，周囲の人や

ものとかかわり，豊かな経験をし，内面を育て，諸能力を獲得していく。乳幼児がその環境を自らつくり出すことは難しく，周囲の大人に委ねられている。保育者という職業人としてだけでなく，子どもとともに生活する人としての視点も備え，子どもと自らを見つめていきたい。

また乳幼児期は，外界を認知し知識として理解するだけでなく，身体を通して感情，価値観，行動様式などを体得していく時期である。それゆえ保育者が何を大切に考えて援助していくのか，そこには保育者自身の価値観が表れ子どもに影響を与える。これからの未来をつくる子どもたちが，大人から一人の人間として尊重されない危険性は，いつの時代にも潜んでいる。保育者には常に自分自身や保育を振り返り正していく姿勢が求められているのである。

全国保育士会では，次のような**倫理綱領**を掲げている。保育者としてどのような倫理観をもって働くのか，常に原点に立ち戻り，考え続けてほしい。

全国保育士会倫理綱領

　すべての子どもは，豊かな愛情のなかで心身ともに健やかに育てられ，自ら伸びていく無限の可能性を持っています。
　私たちは，子どもが現在（いま）を幸せに生活し，未来（あす）を生きる力を育てる保育の仕事に誇りと責任をもって，自らの人間性と専門性の向上に努め，一人ひとりの子どもを心から尊重し，次のことを行います。
　　私たちは，子どもの育ちを支えます。
　　私たちは，保護者の子育てを支えます。
　　私たちは，子どもと子育てにやさしい社会をつくります。

（子どもの最善の利益の尊重）
1．私たちは，一人ひとりの子どもの最善の利益を第一に考え，保育を通してその福祉を積極的に増進するよう努めます。
（子どもの発達保障）
2．私たちは，養護と教育が一体となった保育を通して，一人ひとりの子どもが心身ともに健康，安全で情緒の安定した生活ができる環境を用意し，生きる喜びと力を育むことを基本として，その健やかな育ちを支えます。
（保護者との協力）

3．私たちは，子どもと保護者のおかれた状況や意向を受けとめ，保護者とより良い協力関係を築きながら，子どもの育ちや子育てを支えます。
（プライバシーの保護）
4．私たちは，一人ひとりのプライバシーを保護するため，保育を通して知り得た個人の情報や秘密を守ります。
（チームワークと自己評価）
5．私たちは，職場におけるチームワークや，関係する他の専門機関との連携を大切にします。
　　また，自らの行う保育について，常に子どもの視点に立って自己評価を行い，保育の質の向上を図ります。
（利用者の代弁）
6．私たちは，日々の保育や子育て支援の活動を通して子どものニーズを受けとめ，子どもの立場に立ってそれを代弁します。
　　また，子育てをしている全ての保護者のニーズを受けとめ，それを代弁していくことも重要な役割と考え，行動します。
（地域の子育て支援）
7．私たちは，地域の人々や関係機関とともに子育てを支援し，そのネットワークにより，地域で子どもを育てる環境づくりに努めます。
（専門職としての責務）
8．私たちは，研修や自己研鑽を通して，常に自らの人間性と専門性の向上に努め，専門職としての責務を果たします。

 討論のテーマと視点

① 現代の乳幼児期の子どもに，保障したい生活について考えてみよう。
② 預り保育がなぜ保護者から求められるのか考えてみよう。
③ 幼稚園・保育所・認定こども園に求められている役割と子どもの生活をまとめてみよう

■引用・参考文献
1）子どもと保育総合研究所：最新保育資料　2018，ミネルヴァ書房，2018
2）全国保育団体連合会・保育研究所編：保育白書2017，ひとなる書房，2017
3）厚生労働省：保育所等関連状況取りまとめ，2018

さくいん

A–Z

Early Childhood Care and
　Education …………… 25
responsibility ………… 17
SIDS ………………… 135

あ行

愛着関係……………… 147
預かり保育……… 84, 181
亜米利加婦人教授所… 167
新居礼子 ……………… 170
安全注意義務………… 163
生きる力………………… 95
育児休業制度………… 142
育児ノイローゼ………… 79
意見表明権…………… 154
一時預かり……………… 87
一級免許状…………… 172
居場所…………… 32, 46
医療型障害児入所施設
　………………… 150
運動会………………… 128
営造物の瑕疵に基づく損害
　の賠償責任………… 163
エンゼルプラン……… 181
園だより……………… 138
延長保育……………… 181
園庭開放……………… 86
園内研修……………… 117

応答……………………… 17
公の性質……………… 153
親子登園………………… 86

か

カウンセリングマインド
　………………… 138
核家族化………… 77, 183
学級懇談会…………… 127
学級事務………… 120, 125
学級だより…………… 127
学校安全計画………… 161
学校教育法…………… 159
学校保健安全法……… 161
学校保健安全法施行規則
　………………… 161
学校保健計画………… 161
家庭的保育事業………… 92
環境…………… 54, 96
環境構成………………… 19
環境による保育………… 19
環境の再構成…………… 64
環境を通しての保育…… 55

き

聴き合い活動…………… 13
休日保育……………… 182
給食…………………… 135
旧免許状……………… 114
教育…………………… 25

教育課程……………… 72
教育基本法…………… 154
教育公務員特例法…… 113,
　160, 190
教育職員免許法… 107, 114,
　156, 173
教員免許更新制… 114, 157
教職実践演習………… 190
教職に関する科目…… 109
共同研究……………… 103
共同研修……………… 103
協同性………………64, 67
業務上過失致死罪…… 162
虚弱児施設…………… 148
記録…………………… 116
禁止事項………………… 62

く–こ

倉橋惣三…………… 18, 169
グループホーム……… 148
刑法…………………… 162
月間指導計画………… 139
月末事務……………… 129
健康……………………… 97
言語能力の確実な育成… 64
研修制度……………… 113
交流活動……………… 100
個人情報……………… 158
子育て支援センター…… 87
国家賠償法…………… 165

言葉……………………95
子ども・子育て支援新制度
　…………… 77, 177, 182
子どもの最善の利益… 154
五領域……………………95
近藤濱………………… 167

し

シェアリング……… 10, 13
自己点検チェックリスト
　…………………………74
自己評価…………………73
次世代育成支援対策推進法
　…………………………80
自然環境…………………71
実習……………………… 4
児童虐待…………………79
児童虐待の防止等に関する
　法律…………… 79, 162
指導計画…………………72
児童憲章…………………18
児童自立支援施設…… 148
児童心理治療施設…… 148
児童の権利に関する条約
　……………………18, 154
児童票………………… 138
児童福祉施設………… 144
児童福祉施設の設備及び運
　営に関する基準…… 144,
　145, 148, 162, 182
児童福祉法… 18, 144, 157
児童福祉法施行規則… 144
児童養護施設………… 147
シフト……… 44, 133, 139
就学準備型………………20

就学前の子どもに関する教
　育，保育等の総合的な提
　供の推進に関する法律
　………………… 153, 159
宗教教育……………… 156
出生数………………… 180
障害児入所施設……… 150
小学生との連携…………67
少子化………………… 180
上進制度……………… 157
職員会議……………… 128
食物アレルギー…………90
初任者研修…………… 113
人身売買…………………27
人的環境…… 58, 122, 134
新免許状……………… 114
信頼関係…………………31

す・せ・そ

スタートカリキュラム…95
生活科……………… 19, 95
生活基盤型………………20
生活習慣…………………21
省察…………………… 116
政治教育……………… 155
清掃…………………… 124
成年被後見人………… 156
関信三………………… 167
責任………………………17
責任無能力者………… 164
接続期……………………99
全国保育士会倫理綱領
　………………… 176, 191
全体的な計画……………72
専門研修……………… 113

相互評価……………… 117
副島ハマ……………… 171
ソフトとしての環境
　………………… 55, 57

た行

待機児童…………………77
体験活動の充実…………64
第三者評価事業……… 118
代理監督者責任……… 163
達成感……………………62
誕生会………………… 128
地域型保育給付施設… 187
地域型保育事業…………92
チームティーチング… 117
地方教育行政の組織及び運
　営に関する法律…… 113
地方公務員法………… 159
デューイ……………… 169
東京女子師範学校附属幼稚
　園……………… 18, 167
特別支援教育………… 186
特別支援コーディネーター
　………………………… 186
共働き家庭………………77
豊田芙雄……………… 167

な行

中村五六……………… 168
中村正直……………… 167
夏休み帳……………… 128
二級免許状…………… 172
乳児院………………… 145
乳幼児突然死症候群… 135
人間関係…………………97

さくいん　195

認定こども園……158, 187
ノーマライゼーション　186
野口幽香………………168

は行

ハードとしての環境
　………………… 55, 56
ピアノ…………………… 3
東基吉………………… 169
被保佐人……………… 156
表現……………………96
病児・病後児保育……182
ヒル…………………… 169
不確実性……………… 116
福祉型障害児入所施設
　………………………150
服装…………… 122, 134
二葉幼稚園…………… 168
物的環境………………40
保育カウンセラー………90
保育カンファレンス……75
保育教諭………107, 158
保育記録………………73
保育士資格…109, 157, 184
保育士等キャリアアップ研
　修…………… 114, 118

保育者………………… 1
保育所児童保育要録…103
保育所保育指針……81, 94,
　162, 177
保育対象の理解に関する科
　目…………………… 109
保育の栞……………… 167
保育の本質…………… 109
保育要領……………… 172
法令…………………… 153
ホール………………… 169
保護者会………127, 138
母子密着………………70
保母…………………… 171

ま行

松野クララ…………… 167
満足感…………………62
ミドルリーダー……… 118
身分保障……………… 155
民法…………………… 163
免許状更新講習……… 114
モデル…………………40
森島峰………………… 168

や行

野性……………………24
豊かな環境………………68
養護……………………25
幼稚園教育要領……84, 94,
　172, 173
幼稚園教員資格認定試験
　………………………190
幼稚園教諭免許状
　……………… 107, 172
幼稚園幼児指導要録…103
幼稚園令……………… 169
幼保連携型認定こども園
　……52, 142, 153, 158, 183
幼保連携型認定こども園園
　児指導要録………… 103
幼保連携型認定こども園教
　育・保育要領…94, 177

ら～わ

ライフコース……131, 141
リフレーミング…………11
臨時免許状…………… 172
レスポンス………………17
連携…………………… 102
和田実………………… 168

執筆者・執筆担当

〔編著者〕(50音順)

榎田 二三子 (えのきた ふみこ)	武蔵野大学教育学部	第5章4〜6・第11章
大沼 良子 (おおぬま よしこ)	和洋女子大学家政学部	第1章2・第3章3・ 第8章3・第9章
増田 時枝 (ますだ ときえ)	安見学園幼児教育研究センター	第4章1・3・5

〔筆者〕(50音順)

石井 雅 (いしい まさし)	品川区保育課	第8章2
小倉 常明 (おぐら つねあき)	東京通信大学人間福祉学部	第8章3
木村 英美 (きむら ひでみ)	昭和女子大学人間社会学部	第5章1〜3
小泉 裕子 (こいずみ ゆうこ)	鎌倉女子大学短期大学部	第10章
竹石 聖子 (たけいし しょうこ)	常葉大学短期大学部	第7章
塚田 幸子 (つかだ さちこ)	道灌山学園保育福祉専門学校	第3章2
永倉 みゆき (ながくら みゆき)	静岡県立大学短期大学部	第6章
浜口 順子 (はまぐち じゅんこ)	お茶の水女子大学基幹研究院	第2章
嶺村 法子 (みねむら のりこ)	中央区立明石幼稚園	第3章1
室久 智雄 (むろひさ ともお)	元・淑徳幼児教育専門学校	第1章1
矢田 美樹子 (やだ みきこ)	聖セシリア女子短期大学	第4章2・4
渡辺 佳子 (わたなべ けいこ)	元・品川区立第一日野幼稚園	第8章1

シードブック
三訂 保育者論

2009年（平成21年） 5月15日	初版発行〜第3刷
2011年（平成23年） 9月15日	改訂版発行〜第7刷
2019年（平成31年） 3月20日	三訂版発行
2020年（令和2年） 2月10日	三訂版第2刷発行

編著者　榎田　二三子
　　　　大沼　良子
　　　　増田　時枝

発行者　筑紫　和男

発行所　株式会社 建帛社 KENPAKUSHA

〒112-0011　東京都文京区千石4丁目2番15号
TEL　(03) 3944-2611
FAX　(03) 3946-4377
https://www.kenpakusha.co.jp/

ISBN 978-4-7679-5090-7　C3037
Ⓒ榎田・大沼・増田ほか，2009, 2011, 2019.
（定価はカバーに表示してあります）

教文堂／愛千製本所
Printed in Japan

本書の複製権・翻訳権・上映権・公衆送信権等は株式会社建帛社が保有します。
JCOPY〈出版者著作権管理機構　委託出版物〉
本書の無断複製は著作権法上での例外を除き禁じられています。複製される場合は，そのつど事前に，出版者著作権管理機構（TEL03-5244-5088，FAX03-5044-5089，e-mail：info@jcopy.or.jp）の許諾を得て下さい。